Marie Kortenbusch

Wie Gott mich schuf

Für Monika, meine Liebste!

Und mit großem Dank an Mathilde,
die mich beim Werden dieses Buches mit der
ihr eigenen starken Präsenz begleitet hat.
Sie starb sehr plötzlich am Tag der
Manuskriptabgabe.

Marie Kortenbusch

Wie Gott mich schuf

katholisch
queer
#OutInChurch

Patmos Verlag

VERLAGSGRUPPE PATMOS

PATMOS
ESCHBACH
GRÜNEWALD
THORBECKE
SCHWABEN
VER SACRUM

Die Verlagsgruppe
mit Sinn für das Leben

Die Verlagsgruppe Patmos ist sich ihrer Verantwortung gegenüber unserer Umwelt bewusst. Wir folgen dem Prinzip der Nachhaltigkeit und streben den Einklang von wirtschaftlicher Entwicklung, sozialer Sicherheit und Erhaltung unserer natürlichen Lebensgrundlagen an. Näheres zur Nachhaltigkeitsstrategie der Verlagsgruppe Patmos auf unserer Website www.verlagsgruppe-patmos.de/ nachhaltig-gut-leben

Umschlaggestaltung: Finken & Bumiller, Stuttgart
Umschlagfoto: Tim Bohr, Vennemann + Bohr, Lüdinghausen,
www.fotovennemann-bohr.de
Druck: GGP Medien GmbH, Pößneck
Hergestellt in Deutschland
ISBN 978-3-8436-1447-4

Inhalt

Teil III
Ins Licht treten – Ich bin da

Geleitwort

In unseren Lebensspannungen und -krisen können unsere Umbruchzeiten zu einem Durchbruch zu mehr Lebendigkeit werden. In schmerzvollen Erfahrungen können uns heilende Momente geschenkt werden, in denen das Göttliche durchbricht, mitten hinein in das Auf und Ab unseres Lebens.

Marie Kortenbusch legt in ihrer bewegenden Lebensgeschichte drei Grunderfahrungen frei:

»*Glück in den Augen*« – In der Liebe von zwei Frauen strahlt ein Lebensglück durch. Trotz harter Widerstände trauen beide ihrer Herzensstimme, sie feiern (heimlich) eine hohe Zeit der Liebe, Hochzeit: In ihrer Liebe ereignet sich eine zärtliche Liebe Gottes.

»*Tiefe Wunde – tiefe Kraft*« – Das Gold suchen in den Lebenswunden, dank der Entdeckung, immer viel mehr zu sein als ein Kindheitstrauma. Die Verlorenheit als Grundgefühl kann sich verwandeln in eine tiefere Verbundenheit mit all den Menschen, die trotz schwerer Verletzungen ein heilendes Vertrauen aufbrechen lässt.

»*Mich ins Licht stellen*« – Zwei liebende Frauen stehen nicht mehr zur Verfügung für eine Kirche der Angst. Sie brechen eine menschenverachtende Kultur der Heimlichkeit auf. Zusammen mit vielen von #OutInChurch zeigen sie auf, dass queere Menschen ein Geschenk für die Menschheit sind.

Ein eindrückliches Lebensbuch, das mich bestärkt, nicht mehr fixiert zu sein auf so viel verpasstes Leben, sondern jeden Morgen ein ganz neues Leben zu begrüßen.

PIERRE STUTZ
SPIRITUELLER AUTOR, OSNABRÜCK
19. AUGUST 2022

Einleitung

Frei atmen können! Meine Erfahrung des Befreit-Seins war etwas körperlich Spürbares. Gemeinsam mit 124 weiteren Mitwirkenden bei der Initiative #OutInChurch und begleitet durch die ARD-Dokumentation »Wie Gott uns schuf. Coming-out in der katholischen Kirche« war ich als queere katholische Frau ins Licht der Öffentlichkeit getreten und damit auch einen weiteren Schritt ins Licht meines Lebens.

Eine bewegende Zeit! Ich hatte mich sehen lassen und sah mich nun selbst neu. Ich sah mehr, als ich gezeigt hatte. Fragen, mir gestellt in zahllosen Interviews, Zuschriften und besonders auf Veranstaltungen im kirchlichen Raum, riefen vieles in mir wach. Ein weiter Blick auf mein Leben schenkte sich mir, ganz unverhofft. Bezeichnende Momente kamen mir in den Sinn, wie Steinchen eines Mosaiks. Ich begann zu schreiben, es entstanden Miniaturen – kleine beleuchtete Stellen in einer großen Landschaft. Es sind Ausschnitte aus einem Weg, der weit mehr umfasst als mein öffentliches Coming-out. Ein Heilungsweg unter der großen Überschrift »Ich darf so sein«. Wie ich wurde, wie ich bin. Wie Gott* mich schuf. So entstand dieses Buch. Zunächst aus Begegnungen mit Menschen. Dann aus der Stille, aus meinem Lebensgespräch mit Gott*. Nun geht die Bewegung wieder nach außen: Mögen meine Worte ihren Weg zu Leser:innen finden, die an der einen oder anderen Stelle mit ihnen in Resonanz gehen können, lachend vielleicht, erschrocken, angerührt oder überrascht – und vielleicht sogar zu einigen Menschen, die, so Gott* will, im Lesen Augenblicke erleben, in denen sie neue Kraft für ihren individuellen inneren Weg spüren.

MARIE KORTENBUSCH
IM SEPTEMBER 2022

Zur gerechten Sprache

Wie viele andere Menschen suche ich noch nach einer adäquaten Sprache, die respektvoll-gerecht und zugleich schön ist.

In diesem Buch verwende ich vielfach den Gender-Doppelpunkt. Er ist die Stelle, an der jene Menschen sichtbar werden, die sich als non-binär verstehen, als nicht ausschließlich männlich oder weiblich. Für ihre sprachliche Erkennbarkeit gibt es kaum andere Möglichkeiten.

In manchen Zusammenhängen wähle ich die Schreibweise Gott*, vor allem dann, wenn es um Erfahrungen und Deutungen in meiner Gegenwart geht. Das Sternsymbol ruft in Erinnerung, dass das göttliche Geheimnis, dass die Wirklichkeit »Gott« auch in einer personal verstandenen Du-Perspektive nicht auf eines der Geschlechter begrenzbar ist.

Möglicherweise werden weitere Lernwege uns zu noch stimmigeren und zugleich noch schöneren Sprachformen führen, wer weiß?

Teil I
Blaues Geheimnis –
Eine verbotene Liebe

Intro
Törtchen mit Eierlikör

Ich wurde fünfzig und freute mich darauf, das ganze Kollegium zu Kaffee und Tee, Brötchen und Kuchen einzuladen. Wir wählten für solche Einladungen in der Regel unsere Konferenznachmittage, sodass wir in der Mittagszeit und während einer Pause innerhalb unserer oft sehr ausgiebigen Besprechungen eine feine Stärkung genießen konnten.

Es traf sich gut, bereits ein paar Tage nach meinem Geburtstag stand eine große allgemeine Konferenz an. Ich wollte gern in meinem Lieblingscafé kleine Törtchen bestellen, die wegen ihrer Form Schiffchen genannt wurden, Obstschiffchen. Neben ihrem vorzüglichen Geschmack hatte es mir ihre besondere Form angetan: Das Logo unserer Schule war nämlich ebenfalls ein Schiff.

Die konkaven Obstschiffchen aus feinem Mürbeteig waren zuunterst mit Schokolade bestrichen, dann kam etwas Eierlikör – in einer alkoholfreien Variante fehlte er – und darüber folgten vielfarbige frische Früchte als die eigentliche köstliche Fracht.

Die Konferenz fiel zufälligerweise auf einen Aschermittwoch. An diesem Tag pflegten wir mit den Kindern und Jugendlichen Schulgottesdienste zu feiern, aufgeteilt nach Schulstufen und, was sonst selten geschah, auch nach Konfessionen. Die katholischen Schüler:innen und Lehrkräfte empfingen das Aschenkreuz. Der Beginn der Fastenzeit war also deutlich in unserem Bewusstsein, doch der Wunsch, meinen Geburtstag im Kollegium freudig zu begehen, zeitnah und möglichst großzügig, er war stark. Und konnten wir nicht auch mit dem Zeichen der Vergänglichkeit auf der Stirn die Dankbarkeit für das Leben feiern?

So fragte ich im Vorfeld eine Vorgesetzte, ob es trotz des Aschermittwochs möglich sei, auch Gebäck mit Eierlikör anzubieten, die edle Ursprungsversion der Törtchen, die ich besonders schätzte. Als Antwort hatte ich ein Ja oder ein Nein erwartet. Aber es kam eine augenzwinkernde Rückfrage: ob der Likör denn offensichtlich sei, also »von außen zu erkennen«. Da ich dies verneinen konnte, stand meinen Plänen nichts entgegen. Also: Nihil obstat*, ihr süßen Schiffchen!

Ist Queersein, Lesbischsein an unserer Schule möglich? Diese Frage blieb unausgesprochen, sie zu artikulieren verbot sich von selbst ... Danach fragte man nicht einfach so wie nach Eierlikör zu Aschermittwoch. Aber die Betrachtungsweisen schienen mir vergleichbar zu sein: Den Ausschlag gab, ob etwas »von außen zu erkennen« war.

PS: Ungeachtet des Aschermittwochs wurde mir zu Beginn der Konferenz als Geburtstagsgeschenk eine Flasche »Klosterlikör 40 %« überreicht, die bis heute ungeöffnet in unserem Vorratsschrank steht. Warum eigentlich immer noch? Ich genieße es auch nach über zehn Jahren, bei ihrem Anblick in der Erinnerung an das besondere Nihil obstat immer wieder leise in mich hinein zu lachen.

*»Nihil obstat – Nichts steht im Wege« ist die Bezeichnung für eine offizielle kirchliche Unbedenklichkeitserklärung.

Kapitel 1
Von Anfang an

Lange haben wir diesem Tag entgegengefiebert. Heute wird der Film gesendet! Und nun berichtet sogar die Tagesschau:

> »In einer beispiellosen Aktion haben sich 125 Beschäftigte der katholischen Kirche als queer geoutet.«

Vielleicht ist es meine eigene Bewegtheit, die ich auf Constantin Schreiber, den Sprecher dieser Nachricht übertrage. Ich lese in seinen Augen die Freude über das, was er vorträgt. Er fährt fort:

> »Auf einer Website #OutInChurch offenbaren sie ihre sexuellen Orientierungen, die den Lehren der katholischen Kirche widersprechen. Das Coming-out kann für die Mitarbeitenden berufliche Konsequenzen haben bis hin zur Kündigung.«

24. Januar 2022, 20:07 Uhr:

> »Justizminister Buschmann mahnte ausdrücklich, auch die Kirche müsse dem Diskriminierungsverbot Rechnung tragen.«

Plötzlich: Kussszene mit Fahrradhelmen. Monika und ich sind zu sehen, zwei der 125 Menschen bei #OutInChurch. Mein Lachen ist hörbar. Und dann blicken wir mit zehn Millionen weiteren Zuschauern in jenes Zimmer, in dem wir selbst gerade diese Tagesschau verfolgen.

> »Monika Schmelter ist seit 40 Jahren mit ihrer Partnerin zusammen. Geheimhalten mussten sie ihre Beziehung von Anfang an ...«

Von Anfang an: Ich war 22 Jahre alt und studierte Theologie und Germanistik. Es war eine Art »Zimmer frei«-Situation. Ich hatte mich mit zwei Studentinnen angefreundet, die mit anderen in einer Wohngemeinschaft lebten. Ob ich nicht in ihre Nähe ziehen wolle, fragten sie, in der Etage über ihnen würden zwei Zimmer frei mit gemeinsamer Kochnische und winzigem Bad. Für eines hätten sie schon eine Interessentin im Auge. »Ihr werdet euch bestens verstehen.« In der WG-Küche traf ich auf sie. Ihr Outfit: ein graues Kleid mit langen Ärmeln, hochgeschlossen, und ein blaues Kopftuch. So zeigt es auch das Foto, das die Tagesschau einspielt, vier Jahrzehnte später. Ich dagegen (ohne Fotobeweis in der Tagesschau) trug einen blauen Wickelrock im Indien-Look. Das erste, was mir an Monika auffiel, waren ihre Augen, tief dunkelbraun. Und die Virtuosität, mit der sie Zwiebeln schnitt. Monika hieß damals Maria Johanna und war Mitglied einer Ordensgemeinschaft in Düsseldorf. Nun wurde sie zum Theologiestudium nach Münster entsandt.

Wenn ich jetzt auf das alte Foto schaue, ist es sofort wieder wach, das frühe Entzücken. Monika M. Johanna war meine erste Liebe. Das Wort »lesbisch« hatte ich schon mal gelesen, aber noch nicht ausgesprochen gehört. Ich dachte: Lesben – die gibt es in Berlin.

In einem schwarzen Büchlein mit roten Ecken, halb so groß wie eine Postkarte, führte ich eine Liste mit den Namen der Menschen, denen ich von meiner Liebe erzählt hatte. Den Begriff »outen« kannte ich damals noch nicht. Es dauerte lange, bis auf dieser Liste neun oder zehn Namen standen. Eltern, Geschwistern, Verwandten gegenüber öffnete ich mich erst viele Jahre später. 1981 – es war noch vor der berühmten »Lindenstraße« – gab es noch keine Fernsehserie, in der schwule oder lesbische Menschen vorkamen. Gleichgeschlechtliche Beziehungen entbehrten jeder Selbstverständlichkeit, sie wurden gesellschaftlich abgewertet und tabuisiert – und erst recht in der Kirche.

»Ich bin nächtelang durch Münster gelaufen, weil ich völlig verzweifelt war und dachte, das darf überhaupt nicht sein, furchtbar, ich bin nicht richtig, vielleicht sogar: ich bin krank.« So wird Monikas Schilderung im Fortlauf der Tagesschau eingespielt. »Es geschieht jetzt, in Deutschland«, wird es im angekündigten Film heißen. »Die Dokumentation zum Thema zeigt das Erste heute um 20:30 Uhr. Titel: Wie Gott uns schuf. Coming-out in der katholischen Kirche.«

Monikas Verzweiflung gründete nicht allein in der Unvereinbarkeit von Ordensleben und Verliebtsein, sondern mehr noch in der Sündhaftigkeit dieser Art von Liebesbeziehung. Unter ihrer Zerrissenheit litt ich mit. Ich selbst fühlte mich im Tiefsten nicht sündig vor Gott, empfand aber vor mir selbst und anderen große Scham angesichts meines Anders-Seins. Zudem war ich jetzt auch für die Kirche nicht mehr »richtig«, in der ich zu Hause war. So brachte auch mich diese ungeahnte Art eines inneren Bebens ins Wanken. Dass ich ihm standhalten und Schritt für Schritt weitergehen konnte, lag daran, dass ich sehr verliebt war. Doch die Brille, durch die ich die Dinge in unserem ersten Sommer betrachtete, war nicht rosarot. Mit Monika, mit den Schwingungen zwischen uns verband ich stets die Farbe Blau. Meine Liebe war blau. Ähnlich blau wie Monikas Kopftuch.

Kapitel 2
Meine Liebe ernst nehmen

Im Anschluss an mein Studium zog ich für ein halbes Jahr in die Niederlande. Monika, deren Studium noch andauerte, rang um ihren Weg. Nicht nur unsere Liebe ließ sie am Leben im Orden zweifeln. Auch ich suchte, unabhängig von der Beziehungsfrage, neue Impulse für mein aufgebrochenes Leben. Ich fand sie ausgerechnet in einem unspektakulären kleinen Dorf, Langenboom. Hier lebte eine neunköpfige Hausgemeinschaft – aktiv und kreativ, meditativ und kommunikativ –, die sich als Hausgemeinde und Teil der katholischen Basisbewegung verstand. Die praktischen Lektionen in religiösen Lebens- und Bildungsprozessen, die ich hier lernte, atmeten Freiheit. Ich war in einem Haus voller Inspiration.

In ihren Liberalisierungs- und Öffnungsentwicklungen war die niederländische Gesellschaft der deutschen weit voraus. Auch in der katholischen Kirche gab es hier bereits seit den sechziger Jahren des letzten Jahrhunderts umfassende Reformbestrebungen und pastorale Experimente, die einen vergleichbaren Zielhorizont hatten wie der Synodale Weg in Deutschland mehr als 50 Jahre später, 2019 bis 2023. Als die Erneuerungsprozesse durch konservative Bischofsernennungen von Rom zerschlagen wurden, entstand an der kirchlichen Basis eine breite, starke und gut vernetzte Bewegung, die den eingeschlagenen Weg weiterging, entschieden, »das andere Gesicht der Kirche« zu zeigen. Das Motto in Langenboom war: »Keine andere Kirche, sondern diese Kirche anders!«

Mit Mario, der jungen Theologin und »Kreativen«, und dem Jesuitenpater Ernst, Autor und Meditationslehrer, hatte ich den engsten Kontakt. Sie arbeiteten zumeist im Haus und bezogen mich in viele ihrer Aktivitäten ein.

Wir saßen in einem kleinen Zimmer und sichteten Fotos. Für das niederländische Schulfernsehen hatten die beiden mit einem TV-Profi einen Film zum Thema Meditation in der Schule erarbeitet – und nun gingen sie daran, ein pädagogisches Begleitheft zu erstellen. In einer kleinen Pause, beim »kopje koffie« am späten Vormittag, war eine dichte Atmosphäre entstanden, in der ich von meiner

Beziehung zu Monika erzählte. Bisher hatte ich in solchen Gesprächen stets eine Problematisierung erlebt: »Hast du schlechte Erfahrungen mit Männern gemacht?« – »War es nicht schrecklich für dich, als du merktest, dass du nicht der Norm entsprichst?« – »Seht ihr für euch überhaupt eine Perspektive?« Solche Fragen lebten auch in mir selbst. Diesmal aber war es anders. Das ganze Spannungsgefüge, in dem unsere Liebe stand, schien für Ernst und Mario nachrangig. »Ich sehe viel Glück. Deine Augen strahlen, wenn du von deiner Liebe erzählst«, sagte Ernst als erstes. Ungläubiges Zweifeln. Zunächst Verlegenheit. Eine solche Reaktion hatte ich bisher nicht erlebt. »Das ist wie ein Leuchtfeuer, schau, wie hier«, bekräftigte Ernst und zeigte auf ein Foto mit einem Mädchen, das eine Atemübung ausführte – die Arme mit gegeneinander gedrückten Handflächen über den Kopf gestreckt, einen Leuchtturm bildend, mit fröhlich funkelndem Blick.

»Hast du Lust, selbst noch ein Foto auszuwählen, das etwas von eurer Beziehung widerspiegelt?« Ein Meeresbild zog mich an. Blaue Weite. Ernst gab mir den Anstoß, meiner inneren Erfahrung zu trauen. Es ging darum, meine Liebe ernst zu nehmen. Für mich hieß das, sie »so wie Ernst« zu nehmen.

Das Foto stellte ich auf die Fensterbank in meinem Zimmer. Meine Liebe. Weit und blau. Von der künstlerisch begabten Mario hatte ich eine besondere Art der Collage-Arbeit kennengelernt, die mir viel Spaß machte. Mit Schere, Klebstoff, Fotos und Papier entstanden Lebensbilder, Zeitaufnahmen, farbige Gebete. Jeden Monat schickte ich Monika eine Collage als aktuelles Kalenderblatt. Das nächste Bild, das ich für sie gestaltete, war eine Liebeserklärung mit dem blauen Meeresfoto.

Kapitel 3

»Ein glänzender Einfall des Schöpfers«

Zum Leben in Langenboom gehörten die Gäste. Aus der Nähe kamen viele regelmäßig zu Yoga und Meditation oder zu kleinen thematischen Seminaren ins Haus, zu den Gottesdiensten, denen ein außergewöhnliches Konzept zugrunde lag, zu Gesprächen oder einfach der Geselligkeit wegen. Manche kamen von weit her, verbunden über die Fäden der Weltkirche. Während meiner Zeit kamen Gäste aus Südeuropa, aus Indien, aus afrikanischen Ländern und vor allem aus Lateinamerika. Es ging häufig um einen Austausch über neue Wege, Kirche zu sein, in kleinen christlichen Gemeinschaften, in Basisgemeinschaften, es ging auch um die Theologie der Befreiung. Die Gäste brachten inspirierende Impulse mit. Mich faszinierte in diesen Gesprächen neben den Inhalten die Sprachenvielfalt: Es wurde fließend übersetzt vom Spanischen oder Portugiesischen ins Niederländische und noch einmal ins Französische oder Englische.

Mehr als einmal erzählten meine Gruppengefährt:innen mir eine Geschichte, die sich bereits einige Jahre zuvor ereignet hatte. Ein Jesuit aus Südamerika, der in Ordensangelegenheiten in den Niederlanden war, kam von Amsterdam aus zu Besuch. Mit der Bahn fuhr er eine Station zu weit, sodass er mit einem Güterzug zu seinem Zielbahnhof zurückgebracht wurde. Dort – in der Hausgemeinschaft musste man an diesem nun Tag improvisieren – holte Mario den sportlichen Gast mit einem Moped ab: »op de brommer«. Über seine Anreise habe der fröhliche Jesuit viel gelacht. Am Abend habe er in einem Gespräch ein weises Wort gesagt: »Bisher seid ihr zu uns gekommen, um uns zu belehren; die Zeit ist nicht mehr fern, dass wir zu euch kommen, um euch etwas zu vermitteln.«

***

An einem Nachmittag kam Jan van Kilsdonk zu Besuch – der Name war schon des Öfteren gefallen. Ernsts Mitbruder im Jesuitenorden lebte in Amsterdam und war seit Kurzem in den offiziellen

Ruhestand gegangen. In der niederländischen Hauptstadt mit ihren beiden Universitäten hatte er lange als Studentenpastor gearbeitet.

Als wir in der Mittagszeit für das Essen am frühen Abend Kartoffeln schälten, erzählte mir Ernst ausführlich von seinem Mitbruder. »Das wird dich interessieren, Marie. Jan hat eine außergewöhnliche Aufmerksamkeit für homosexuelle Menschen. Auch deshalb ist er in Amsterdam eine legendäre Gestalt.« Ich erfuhr schier Unglaubliches: Pater van Kilsdonk hatte die Studierendengemeinde, die »Studentenekklesia« schon seit den sechziger Jahren zu einem Ort gemacht, an dem sich Homosexuelle (damals waren zumeist Männer im Blick) willkommen fühlten. Während konservative Katholiken die Stadt wegen der zahlreichen Homosexuellen als »Sodom und Gomorrha« erlebten (Amsterdam wurde seit den sechziger Jahren die »schwule Hauptstadt Europas« genannt) und gegen die Unmoral anzukämpfen versuchten, nahm – Ernst zufolge – Pater van Kilsdonk die Situation an, wie sie war, und fragte sich vor allem, was die Menschen brauchten. »Er hat eine große Sensibilität für Menschen, die in der Gesellschaft nicht wertgeschätzt werden oder ausgeschlossen sind.« Dem Pater hätten auch die Partys am Herzen gelegen, wo »seine« Studenten am Wochenende ausgelassen feiern konnten. Auch die Homosexuellen unter ihnen sollten ihren Platz haben, an dem sie sich offen zeigen konnten mit Tanzen, Flirten, Fröhlichkeit. Dass er damit aneckte, war eine Konsequenz, aber nicht die primäre Intention des Geistlichen, meinte Ernst.

Was ich von dem unkonventionellen Ordensmann hörte, war schwindelerregend. »Ich bin schon ganz aufgeregt, Ernst!« »Ach«, fügte dieser noch an, »ich glaube, wir haben einen Zeitungsartikel, in dem über Jan berichtet wird. »Homosexualität ist ein glänzender Einfall des Schöpfers«, wurde Pater van Kilsdonk darin zitiert. Ein weiterer Ausspruch bildete die Pointe einer schönen Anekdote: Um Pater van Kilsdonk in die Enge zu treiben, war ihm öffentlich unterstellt worden, dass er selbst schwul sei. Deshalb sei er als Priester nicht tragbar. Seine entwaffnende Antwort: »Mir selbst fehlt leider das Talent, von Männern erotisch angezogen zu werden!«

Beim Abendessen saßen wir alle zusammen. Ich hatte einen Auflauf mit Kartoffeln und roter Bete zubereitet, mit viel Thymian. Dazu gab

es grünen Salat, ein einfaches Essen, das unser Gast gleichwohl sehr lobte. Ich hatte mir eine ganz andere Vorstellung von diesem offensiven Pater gemacht. Er wirkte auf mich sehr ruhig, bescheiden und warmherzig. Schnell kam er im Gespräch zu »unserem« Thema. Jan erzählte nämlich, dass ein sehr konservativer niederländischer Bischof kürzlich einer Frau die Kommunion verweigert habe, weil sie ein Zimmer an einen Homosexuellen vermietete. Natürlich machte uns dies sprachlos. Es war zum Lachen und gleichzeitig war es entsetzlich. Nach einer Weile nahm ich meinen Mut zusammen – ich fühlte mich nicht nur in der niederländischen Sprache noch unsicher – und fragte den Pater danach, woher seine besondere Aufmerksamkeit für Lesben und Schwule rühre. »Das begann in der Zeit, in der ich, ebenfalls in Amsterdam, noch Gymnasiallehrer war. Da hatte sich ein ehemaliger Schüler das Leben genommen. Aus seinem Tagebuch, das die Eltern mir später anvertrauten, ging hervor, wie der junge Mann mit seinem Schwulsein gerungen hatte. Das Tagebuch war auch eine bittere Anklage an uns Lehrer, dass wir seine Not nicht wahrgenommen hätten, auch mein Name stand darin. So ist es dazu gekommen ... Danach habe ich versucht, die Sorgen, überhaupt das Leben der Schüler und Studenten mehr wahrzunehmen. Ich wollte meine Studenten dort treffen, wo sie leben – mindestens an drei Abenden in der Woche in ihren großen Wohnheimen und am Wochenende da, wohin sie ausgehen und feiern. Auch in den Homo-Kneipen.« Ich konnte es kaum glauben. Unsere beiden Student:innenpfarrer aus Münster fand ich schon sehr stark, doch was Pater van Kilsdonk hier erzählte, hätte gewiss auch für sie den Rahmen des Vorstellbaren ganz und gar gesprengt. »In den Homo-Kneipen bin ich meistens von Mitternacht bis zwei oder drei Uhr. Dann ergeben sich oft gute Gespräche.«
Der Pater fuhr fort: »Auch heute noch kommt es in unserem Land jedes Mal zu Suiziden, wenn Rom eine neue Verlautbarung über – und das meint ja: gegen – das Leben homosexueller Menschen veröffentlicht! Das bringt mich buchstäblich zum Weinen. Keine Aufgabe ist mir als Priester bisher schwerer gefallen, als einen Menschen beerdigen zu müssen, den die kirchliche Lehre zum Selbstmord geführt hat. Das ist geistlicher Terror!« Die scharfen Worte – »geistlicher Terror« – prägten sich mir ein. Hier standen sie

einander also unverkennbar gegenüber, das eine und das »andere Gesicht der Kirche«!

Ein paar Tage später erhielt ich von Pater van Kilsdonk einen ermutigenden Brief in schwungvoller Handschrift. Er kam noch einmal auf unsere Begegnung zurück; denn ohne, dass ich sie explizit erwähnt hatte, muss er meine inneren Auseinandersetzungen, meine lesbische (Noch-nicht-) Identität erspürt haben. Er wolle eine Einseitigkeit aus dem Gespräch korrigieren, eine eventuelle Überbetonung des Schwierigen: »Der tragische Tod des homosexuellen Jungen war in der Tat mein Ausgangspunkt, ein *eye opening*«, schrieb er, »aber mein wichtigstes Erlebnis, fast eine Damaskus-Stunde hatte ich, als ich das erste Mal zwei Männer erlebte, die miteinander ein großes Glück ausstrahlten.«

Da war er wieder, der Blick auf das Glück. Ach, diese Niederländer!

***

Die junge Verliebte, die tastend ihren queeren Weg suchte, die angehende Religionslehrerin, die die römisch-katholische Kirche repräsentieren würde, – die Erlebnisse in Langenboom bewegten und belebten sie beide ganz und gar. Gut so.

PS: Pater van Kilsdonk sollte seine Arbeit auch im Ruhestand fortsetzen. Er besuchte nicht mehr die großen Studentenheime, aber weiterhin zu nächtlichen Stunden die Kneipen im schwulen Amsterdam. Er stand weiter in einem Eckchen, bereit zuzuhören, wenn jemand mit ihm sprechen wollte. Als kurze Zeit später die Aids-Epidemie ausbrach, sollte Jan van Kilsdonk viele der zumeist noch jungen Erkrankten kennen oder kennen lernen und sie auf ihren schweren Wegen bis ins Sterben begleiten. Bewegende Ansprachen hielt er bei ihren Beerdigungen, jede ein seelsorgliches und auch ein literarisches Kleinod! Dreißig von ihnen wurden nach seinem Tod in Buchform veröffentlicht; ihrer Lektüre verdankte ich in einer späteren schwierigen Lebensphase Stärkung und Trost. Und mitten im multireligiös-säkularen Amsterdam gibt es seit 2017 eine Brücke, die nach einem katholischen Ordenspriester benannt wurde, die »Pater van Kilsdonkbrug«.

Auch der südamerikanische Jesuit, ein Argentinier, der im Güterzug und auf dem Moped in die Provinz reiste, wird später noch
von sich reden machen. Als im Herbst 2013 zwei niederländische
Bischöfe ihn in Rom treffen, wird er berichten, dass er viele Jahre
zuvor einmal die Niederlande besucht habe. Er sei in Ordensangelegenheiten in Amsterdam gewesen. Von dort aus habe er auch
eine Gemeinschaft auf dem Lande besucht, die ihn nicht weniger
stark beeindruckt habe als das wundervolle Amsterdam und die er
in froher Erinnerung behalten habe. Der Name des Jesuiten lautet
Jorge Mario Bergoglio – der spätere Papst Franziskus.

Kapitel 4
Mit voller Hingabe

Inzwischen war ich Lehrerin für Deutsch und katholische Religion an einem großen kirchlichen Gymnasium. Ein Kloster war mein Arbeitgeber, eine Ordensfrau meine Chefin, und unter meinen Kolleg:innen waren weitere Schwestern. Von Anfang an fühlte ich mich hier gut aufgehoben. Ich schätzte den pädagogischen Anspruch, den freiheitlichen Geist, die Menschen – ein tolles sympathisches Kollegium, aufgeschlossene Schüler:innen, ein starkes Leiterinnen-Duo – und tat meine Arbeit gern. Die Schule wurde von fast 1200 Kindern, Jugendlichen, jungen Erwachsenen besucht und trotz ihrer Größe ging es familiär zu. Ich konnte mich mehr und mehr in meiner eigenen Art entfalten und wurde wahrgenommen mit dem, was ich einbrachte. Unsere kollegiale Zusammenarbeit war ein lebendiges Nehmen und Geben! Und es gab bei aller beruflichen Ernsthaftigkeit und Anstrengung viele Anlässe zum Lachen.

In jedem meiner Verträge – zuerst einem Arbeitsvertrag, dann einem Anstellungsvertrag auf Probe, dann einem unbefristeten Anstellungsvertrag – fand sich diese Stelle, die mich so berührte: die Verpflichtung, meinen Dienst als Lehrerin »mit voller Hingabe zu versehen«. Auch wenn ich stets aufs Neue schmunzeln musste bei der Frage, wie man den Grad an Hingabe wohl messen wollte: Ich fühlte mich angesprochen in der Begeisterung für meinen Beruf und war sicher, dass ich mich ihm mit aller Entschiedenheit hingeben würde. Keine Frage, dies unterschrieb ich gern und ich genoss es, zu einem Kollegium zu gehören, in dem berufliche Passion offenbar Konsens war.

In den Verträgen wurde auch die Möglichkeit einer Kündigung bei Verstößen gegen die Treuepflicht aufgeführt. Wenngleich die »Glaubens- und Sittenlehre der katholischen Kirche« nicht explizit genannt wurde, war klar, dass auch sie gemeint war. Für mich als Religionslehrerin war sie – interessanterweise nur am Rande – ohnehin Gegenstand des »*Missio*-Gesprächs« gewesen, als es nach Abschluss des Studiums darum ging, dass ich die für den katholischen Religionsunterricht notwendige bischöfliche Beauftragung erhielt.

Nach meiner Erinnerung beschäftigte mich die »volle Hingabe« noch mehr als die Treuepflicht. Ich verstand sie sogar als den Kern meiner Loyalität. Insgeheim hoffte ich, dass sie im Zweifelsfall für mich sprechen würde. Ohne Frage war mir klar, dass eine lesbische Beziehung zu verheimlichen war. Auch ohne kirchlichen Hintergrund hätte das zu dieser Zeit und weit darüber hinaus auch an jedem nicht-kirchlichen Gymnasium gegolten – und für eine Religionslehrerin ohnehin. Die Tatsache, dass sich im Jahr 2021 (!) die Initiative #teachout gründete, in der sich queere Pädagog:innen in den sozialen Medien outen, um sich »für mehr queere Vielfalt im Bildungsbereich« einzusetzen, spricht Bände.

Kapitel 5
Mehr als nur Freundinnen?

Nach einiger Zeit vertraute ich mich einem Kollegen an. Es tat gut, eine Person im Kollegium als Anker zu haben. Darüber hinaus behielt ich meine Beziehung für mich. Bei einzelnen Gelegenheiten war Monika durchaus an der Schule sichtbar – dass zwei unverheiratete Frauen zusammenwohnten, war damals gerade im konservativen Milieu (noch) nichts Verdächtiges. Erst recht in katholischen Kreisen lag ein »irreguläres Verhältnis« in dieser Form zumeist außerhalb jeglicher Vorstellung, zumal bei einer Religionslehrerin. Allerdings gab es einzelne Kollegen, auf römischer Linie, die wiederholt nachfragten, warum ich als Alleinstehende denn eine über vierzig Kilometer weite Fahrt zwischen Wohnort und Schule auf mich nehme. Unser »Sicherheitsabstand« irritierte sie. Einer stellte sogar mehrfach Nachforschungen an meinem Wohnort an. Dass wir mit anderen in einer Hausgemeinschaft wohnten und dadurch auch getarnt waren, bot mir Schutz.

Nach einem Schulkonzert, zu dem meine Partnerin mich begleitete, sprach mich eine Fünftklässlerin an: »War das Ihre Schwester? Sie sieht Ihnen so ähnlich! Oder Ihre Zwillingsschwester?« Es geschah häufig, dass die Vertrautheit, die wir trotz aller Vorsicht offensichtlich nicht verbergen konnten, als Verwandtschaftsverhältnis gedeutet wurde. Ein paar Tage später nahm mich eine junge Kollegin zur Seite. Sie hatte mich bereits des Öfteren gecoacht: »Beim Kollegiumsabend darfst du keineswegs fehlen, nur im dringenden Ausnahmefall. Und zieh dich fein an!« Diesmal sagte sie: »Bei mir kam die Frage auf, ob ihr möglicherweise mehr seid als Freundinnen. Entschuldige bitte, dass ich so direkt bin, aber wenn das zutrifft, solltest du aufpassen.« Einige Zeit später erfuhr ich, dass sie sich gut mit delikaten Angelegenheiten auskannte, lebte sie doch selbst in einer verbotenen Beziehung. Soweit ich wusste, führte sie nach einer Trennung oder Scheidung eine neue Partnerschaft, die nicht zu verbergen war, und beabsichtigte, neu zu heiraten. Man fand einen Tauschpartner von einer öffentlichen Schule für ihre Stelle, und sie musste unsere Schule verlassen. Sie fehlte mir.

Ich dachte viel über das Geschehene nach. Ihre »volle Hingabe« – sie war eine begeisterte Lehrerin und sehr mit der Schule verbunden – hatte nicht ausgereicht, sie zu schützen. Mir wurde auch von einer früheren Kollegin erzählt, die mit einem Priester liiert gewesen sei. Als sie die Beziehung offengelegt habe, so verstand ich es, habe auch sie nicht mehr bleiben können. Bei aller kritischen Distanz gegenüber »dem Bistum« vermochte auch eine Ordensschule nicht losgelöst von der Amtskirche zu agieren. Wo es offen und offiziell wurde, so stellte es sich mir dar, da stießen die große Menschlichkeit und innere Unabhängigkeit, die die Ordensschwestern an unserer Schule so auszeichneten, doch an die Grenzen des kirchlichen Arbeitsrechts.

In meinem Fall gäbe es noch nicht einmal die Notlösung über einen Tauschpartner. An welcher Schule auch immer, eine Religionslehrerin brauchte überall die *Missio canonica*. Von daher erst recht: »Du solltest aufpassen!«

Kapitel 6
Hochzeit in Holland

Kurvenreiche Wege. Nach neun wirbelnden Jahren kam für uns der Moment für ein großes Ja.

24. Mai 1990. Wir saßen in zwei Kreisen um einen ummauerten großen Kupferkessel, der bei anderen Gelegenheiten, mit warmem Wasser gefüllt, auch als Taufbecken diente. Jetzt lag eine Holzplatte darauf und auf ihr ein roséfarbenes Tischtuch. Dicht an dicht 45 Menschen, für mehr gab es keinen Platz.

Monika und ich feierten unsere »Hochzeit« – in Langenboom. Dies war der perfekte Ort für unser Vorhaben und zugleich der einzig mögliche, wir kannten keinen anderen. Das Wort »Hochzeit« verwendeten wir stets in Anführungsstrichen, oder wir sprachen schlicht von unserem »Fest«. Für uns war es unsere kirchliche Trauung. Inoffiziell, versteht sich.

Die räumliche Beschränkung im alten Bauernhaus machte uns zu schaffen. Es gab viele Menschen in unserem Leben, mit denen wir unsere Freude teilen wollten. Gleichwohl: Jedes Mal, wenn jemand absagte, konnten wir eine neue Einladung aussprechen.

Denn nicht alle, die wir eingeladen hatten, kamen. Beide Familien waren nicht vollständig. »Wenn man schon so ist, muss man es doch nicht noch feiern.« Einige von Monikas ehemaligen Mitschwestern konnten nicht dabei sein, die Oberin hatte es untersagt. Auch mein Onkel, ein katholischer Priester, machte einen Rückzieher. Und manche der Anwesenden waren mit einem geteilten Herzen gekommen.

Bei der Begrüßung sagte ich: »Wir denken auch an alle, die wir eingeladen haben und die die Einladung nicht annehmen konnten oder mochten. Umso mehr freuen wir uns über euch, die ihr heute hier seid, um mit uns zu feiern – und ich gehe davon aus, dass dann einst beim himmlischen Hochzeitsmahl alle dabei sein werden ;-) !«

In einer kleinen Einleitung bezog sich Ernst auf Papst Johannes XXIII: Die heutige Feier sei ein »*aggiornamento*«, ein Bemühen darum, die Kirche ins »Heute« zu bringen. Er versuchte Brücken zu bauen zwischen dem Fremden und dem Vertrauten.

Auch für uns selbst war eine derartige Feier etwas Noch-nie-Da-gewesenes. So wie wir für unsere Beziehung kein Vorbild hatten, hatten wir es nicht für unsere Hochzeit. Wir waren Avantgardistin-nen. Nicht zuletzt in der Art und Weise, wie wir die Liturgie gestal-teten und auch selbst leiteten.

Die biblische Lesung, die wir ausgesucht hatten, zählte ebenfalls gewiss nicht zu den Klassikern bei einer Trauung, die eindrucks-voll-eigenwillige Erzählung von Jakobs Ringen in der Nacht, seinem Gottesstreit (Genesis 32 – Der Kampf am Jabbok). Sie passte zu unserem langen Ringen um unseren Weg. Unsere intuitive Wahl er-hielt im Nachhinein noch eine überraschende Bestätigung, als wir Jahre später lasen, das hier verwendete hebräische Verb »abaq« (ringen) komme in der gesamten Schrift nur ein einziges Mal vor. Die Frage, woher wir unsere Anerkennung und Akzeptanz bezo-gen, stellte sich für uns mit besonderer Schärfe, weil wir anders als heterosexuelle Paare keineswegs eine zwischenmenschliche und gesellschaftliche Akzeptanz voraussetzen konnten und weil unsere Beziehung darüber hinaus in der Kirche ausdrücklich als »verboten« galt. Wir bauten ausschließlich auf einen Segen, der einer anderen Wirklichkeit entsprang. Und um diesen hatte jede von uns innerlich sehr gerungen.

Für uns beide hatte es eine große Bedeutung, dass Monika ihren Weg mit mir nicht als Bruch mit ihrer Berufung verstand; für sie war es ein einziger, ungeteilter Weg mit Gott. So war es ihr Wunsch, dass unsere Hochzeit am gleichen Datum stattfand wie ihre zeit-liche Ordensprofess.

»Von allen Menschen, die in mein Leben getreten sind, habe ich dich, Monika Johanna, ausgewählt, um gemeinsam mit dir meine Lebensreise fortzusetzen ...«, so begann mein Versprechen, das ich aus meinem Tagebuch vorlas. Nachdem auch Monika ihr Ver-sprechen gegeben hatte, erhoben wir uns zum Herzstück der Feier, der Bitte um Segen für unseren Weg. Es war der einzige Teil des Gottesdienstes, den Ernst in seiner Muttersprache vortrug: »*God van Abraham, Sara en Hagar, ... zegen deze beide mensenkinderen Marie en Monika ...*« Der Segen sprach von Liebe und Glück, von Kraft und Fruchtbarkeit.

Nachmittags aßen wir Eis und Kuchen – kulinarisch gab es auf diesem Fest deutlich Luft nach oben – und wir tanzten israelische Kreistänze. Besonders mochte ich »*Ma navu ... al he harim*«, die beschwingte Musik, die einfache Choreografie, auch den Text, dem Jesajabuch entnommen: »Wie schön sind auf den Bergen die Füße derjenigen, die Freude verkünden« (Jes 52,7). Tanzend bildeten wir die leichtfüßigen Schritte der Freudenbot:innen ab. Das wäre mir mittlerweile schon lange nicht mehr möglich, die halbe Drehung mit einem Hüpfer gelang mir schon damals nicht richtig. Die fröhliche Melodie aber ist oft auf meinen Lippen.

PS: Viereinhalb Jahre später, wir saßen gerade beim Weihnachtsfrühstück und hatten zu Beginn die berühmte Kantate »Jauchzet, frohlocket« aus Bachs Weihnachtsoratorium gehört, läutete es an der Tür. Eine Botin überbrachte uns nachträglich ein Festgeschenk meines Onkels: eine handkolorierte Bibel aus dem Jahr 1553. Ein großartiges Geschenk, das er als junger Kaplan von seinem alten Pfarrer bekommen hatte und nun an uns weitergab. Wir wussten es überaus zu schätzen, zumal konträre Einstellungen zu Fragen der Kirche unser Verhältnis weiterhin mitprägten.

PPS: Im Frühjahr 2021 sollte die Glaubenskongregation des Vatikans das Verbot für Segnungen gleichgeschlechtlicher Paare bekräftigen. In einem Brief an Papst Franziskus teilte ich ihm meine Sicht der Dinge mit. Ich schilderte ihm, was unsere Segensfeier uns bedeutete, die wir bereits 31 Jahre zuvor in einer niederländischen Basisgemeinschaft erlebt hätten und nicht hätten erleben dürfen. Dabei erinnerte ich ihn an seinen Besuch an diesem besonderen Ort, wo man Rom also weit, weit voraus gewesen war. Aus dem päpstlichen Sekretariat erhielt ich eine sehr freundliche Antwort, der Heilige Vater bedanke sich herzlich für mein Schreiben mit der Mitteilung meiner Gedanken, er sei uns in Christus verbunden und bitte auch mich um mein anhaltendes Gebet. Ein konkreter inhaltlicher Bezug fehlte. Vermutlich war es eine standardisierte Antwort auf einen Brief, den der Papst niemals gelesen hat. Was mich nun nicht davon abhielt, seiner Bitte zu entsprechen.

Kapitel 7

»Wie der Kopf Johannes' des Täufers« – Ende einer Freundschaft

Mit einer Ordensfrau, die mit den Schwestern an meiner Schule in Verbindung stand, hatten wir beide freundschaftlichen Kontakt; Monika kannte sie bereits aus ihrer Klosterzeit. Die Schwester wusste um unser Ringen in der Beziehungsfrage. In meinem ersten Jahr an der Schule lebten wir noch nicht zusammen und es war noch offen, ob unsere Zukunft eine gemeinsame sein würde. Als sie von unseren Hochzeitsplänen erfuhr, wendete sich das Blatt schlagartig. In einer Schweigewoche hatte sie ein spirituelles Erlebnis gehabt, von dem sie Monika berichtete. Sie sah in einer Meditation den Kopf Johannes' des Täufers auf einem Tablett – eine biblische Szene, in der Herodes' Frau Herodias ihre Tochter dazu anstiftet, von Herodes den Kopf des Johannes als Gegengabe für einen Tanz zu fordern. Die Schwester sah dies als Bild für Monikas Entscheidung gegen das Ordensleben und für die lesbische Liebe: In beiden Fällen, bei Herodes wie bei Monika, werde das Heilige geopfert für die bloße Lust. Sie drang auch in mich ein: Diese Beziehung sei nicht mein Weg auf Gottes Wegen. Und auch ganz praktisch gesehen könne ich möglicherweise nicht an meiner Schule bleiben.

Ich war tief getroffen. Es war mehr als eine persönliche Verletzung. Dass ein Mensch sich in seinem Urteil über meinen Weg nicht auf die eigene Autorität beschränkte, sondern die göttliche Autorität in Anspruch nahm, warf mich aus der Bahn. Ich brauchte viel Kraft, um mich von dem machtvollen Bild der Freundin zu distanzieren und meine innere Wahrheit zu schützen. Ein neuer Abschnitt im Jakobskampf.

Es ging noch weiter. Im Anschluss an unsere Hochzeit äußerte die Ordensfrau über unsere Gäste, sie habe »noch nie so viele verkrachte Existenzen auf einem Haufen gesehen«. Ich verstand sie nicht mehr; was mochte sie zu einer solchen Aussage bewegen?

Und mehr noch: Drei Wochen nach dem Fest starb sehr plötzlich Ernst, der Jesuit. Ich verlor einen besonderen Freund, den ich bis heute vermisse. Die Schwester meinte in diesem jähen Tod kurz nach der Segnungsfeier eine »Resonanz aus dem göttlichen Wirken« wahrzunehmen.

Es kam zum Bruch. Mich beunruhigte nun auch die Frage: Würde sie mein blaues Geheimnis bei den Verantwortlichen in meiner Schule preisgeben? Nein, das entspräche nicht ihrer Art. Doch verunsichert und verwundet, wie ich war, schwankte ich zwischen Bangen und Hoffen.

Kapitel 8
Queergemeinde

Es war anders als im klassischen Gemeindegottesdienst. Deutlich mehr Männer als Frauen, die meisten jünger als ich mit meinen vierzig Jahren. Januar 1999, der letzte Sonntag in der Weihnachtszeit. »Oh du fröhliche« schallte es beschwingt aus über hundert im Singen geübten Kehlen. Kaum ein anderes Tagesevangelium hätte passender sein können als jenes von der Taufe Jesu mit seinem Kernsatz: »Du bist mein geliebtes Kind, über dich freue ich mich« (Markus 1,11).

Der erste Queergottesdienst in Münster. Was ist das, ein Queergottesdienst? Ein Gottesdienst für Schwule, Lesben (andere queere Menschen waren damals kaum im Blick) sowie ihre Angehörigen, Freundinnen und Freunde – so oder ähnlich definierten wir es damals.

Viel Vorarbeit war notwendig gewesen, damit diese Utopie ihren Ort finden konnte, ein Konzept, eine Kirchengemeinde, eine Gruppe von Priestern, die hinter uns standen und abwechselnd mit uns Gottesdienst feierten. Und viel Mundpropaganda ... Es war ein Abenteuer, diesen besonderen Ort in der Kirche zu kreieren. Nicht nur die Aufbauarbeit, sondern jeder einzelne Gottesdienst, jede einzelne weitere Aktivität entstanden aus dem begeisterten Einsatz vieler aus unserer Mitte.

Warum denn überhaupt ein eigener Gottesdienst? In den herkömmlichen Gottesdiensten kamen wir nicht vor. Nicht in Gebeten, nicht in Predigten, nicht in Fürbitten: »Wir bitten für die Familien, für die Eheleute, für die Kinder, für die Alten, für die Alleinstehenden.« An unserem Wohnort hatten Monika und ich es noch deutlicher, persönlicher erlebt: Als wir uns nach einem Umzug dem Kirchenchor und einer anderen gemeindlichen Gruppe anschließen wollten, blieben die Plätze neben uns sehr häufig frei. Selbst im Gottesdienst wurden wir zwei- oder dreimal gebeten, uns andere Plätze zu suchen. Offensichtlich passten wir nicht in unserem Anderssein. Ohne es zu beabsichtigen, allein durch unser Dasein schienen wir irritierend zu wirken.

So wie queere Menschen in kirchlichen Zusammenhängen häufig befremdlich wirkten, war es auch umgekehrt mit gläubigen Menschen in queeren Bezügen. Mit der Queergemeinde schufen wir einen Ort, an dem wir uns nicht zwischen homosexueller und kirchlicher Lebenspraxis entscheiden mussten. An dem wir »ganz« da sein durften.

Hier lasen wir die Schrift vor dem Hintergrund unserer Lebenswirklichkeit. Unser Leben als eine göttliche Berufung. Gott*, der und die uns in eine Gemeinschaft stellt, uns unsere Würde erfahren lässt. Unsere Verletzungs- und Emanzipationsgeschichten. »Das geknickte Rohr zerbricht er nicht, und den glimmenden Docht löscht er nicht aus; ja, er bringt wirklich das Recht« (Jesaja 42,3). Wir wurden gesehen, und wir konnten uns sehen lassen. Gott schenkte uns Ansehen. Es war der Duft, den ich viele Jahre zuvor in den Niederlanden geschnuppert hatte. Mit unserem religiösen Leben und unserem Queersein teilten wir sehr Wesentliches miteinander, und es entstanden lebendige Freundschaften. Unsere Gemeinschaft, sie nährte und klärte mich.

Ich erinnere mich gut: Einmal – wahrscheinlich war es nach einer entsprechenden Verlautbarung aus Rom – bezeichnete der Prediger uns queere Menschen nicht allein als eine »diskriminierte«, sondern als eine »in der Kirche zu diskriminierende Minderheit«. Langsam begann ich zu erfassen, dass nicht ich mich außerhalb der Kirche stellte, sondern dass umgekehrt die Kirche uns und mich ausschloss. (Dennoch: Über Jahre noch sollten mich diffamierende Aussagen des Vatikans zu unserem Leben und Lieben an einer empfindlichen Stelle meines Herzens treffen und punktuell auch verunsichern.) In meinem Erleben war der Queergottesdienst ein prophetischer Ort. Auch die Pfarrgemeinde, die uns in ihrem Kirchenraum und in ihrem Leben Auf- und Annahme schenkte, fühlte sich bereichert durch unser Engagement, durch unsere vielfältigen und ungewohnten Perspektiven auf das Leben, auf den Glauben.

***

Zu schön, um wahr zu sein. Offenbar gab es Besucher des Gottesdienstes, die Namen von Anwesenden am »Domplatz«, das heißt bei der Bistumsleitung, meldeten. Es ging um Menschen, die beruflich für die Kirche tätig oder in entsprechenden Ausbildungen waren. Besonders im Blick waren Priester, Priesteramtskandidaten und Menschen, die an exponierter Stelle arbeiteten, zum Beispiel im Bischöflichen Generalvikariat. Manche von ihnen wurden zur Rede gestellt. Einige kirchliche Beschäftigte trauten sich nicht einmal in den Gottesdienst; sie nahmen ausschließlich an anderen Aktivitäten in einem weniger öffentlichen Rahmen teil. Um mich hatte ich keine Angst. Für meine Arbeitsstelle hatte sich noch niemand interessiert, und die Niederungen der katholischen Schulen standen allem Anschein nach gar nicht im Fokus. Aber dann erfuhr ich, dass eine lesbische Lehrerin bei einem katholischen Träger unter Verdacht geraten war, auf welchen Wegen, blieb zunächst unklar. Später sollte sich herausstellen, dass der Stein aus der Elternschaft einer Klasse heraus ins Rollen gebracht worden war. Ihr »Fall« wurde geprüft, und es kam ihr schließlich zugute, dass nichts offiziell Dokumentierbares das »irreguläre Lebensverhältnis« mit ihrer Partnerin belegte. Die beiden führten eine Wochenendbeziehung und hatten noch nicht einmal eine gemeinsame Anschrift. Solche Vorgänge schreckten Monika und mich auf. Unabhängig vom Ausgang – allein eine solche Prüfung hätte mir ungeheuer zugesetzt. Vorsicht an der Bahnsteigkante!

Ein paar Jahre nach unserem ersten Gottesdienst publizierte die Bistumszeitung einen Artikel über die Queergemeinde. So wurde ihre Existenz einer größeren Öffentlichkeit bekannt, was nicht folgenlos blieb. »Fromme« Seelen, besonders »gut« katholische Menschen brachten die unerhörte Tatsache dem päpstlichen Nuntius in Berlin zur Anzeige. Von der Nuntiatur aus – wir nannten sie auch Denunziatur – ging die Sache, so habe ich es verstanden, über Rom zurück nach Münster. Der Bischof geriet unter Druck. Nach seinem Tod hörte ich aus einer Quelle, die ich für verlässlich hielt, man habe ihm sogar mit Amtsenthebung gedroht. Das alles wussten wir noch nicht, als der zuständige Weihbischof mit uns Kontakt aufnahm. Mündlich und schriftlich wurde uns nahegelegt, auf jegliche Form von Öffentlichkeit zu verzichten. Das typische Muster: Weitgehend im Verborgenen zu agieren, darf sein – ein Sichtbarwerden hat Konsequenzen.

Fatale Konsequenzen. Ein gewaltiger Schlag traf uns: ein Eucharistieverbot. Allen Priestern des Bistums wurde untersagt, mit uns die Eucharistie zu feiern. Als homosexuell Lebende gehörten wir zu den Menschen, die »offenkundig in schwerer Sünde unbußfertig verharren«, und waren vom Empfang des Sakraments auszuschließen – so sagt es das Kirchenrecht in Canon 915. Uns wurde der Zugang zu dem verweigert, was die Kirche selbst als »Quelle und Höhepunkt des ganzen christlichen Lebens« (Zweites Vatikanisches Konzil, Lumen gentium 11) betrachtet: Brot und Wein zu teilen im Glauben an Wandlung. Keine Maßnahme hätte uns stärker ins Mark treffen können!
Und wieder: Das geknickte Rohr ...
Der große Schwung der ersten Jahre erlahmte. Wie wollten wir weitermachen? Unsere Auseinandersetzungen mit dieser Frage kosteten viel Kraft. Fast wäre die Queergemeinde daran zerbrochen. Eine große Zahl von Queers blieb der Gemeinde fern. Gewiss aus unterschiedlichen Gründen. Viele wollten sich schlicht nicht erneut einer Diskriminierung aussetzen. Eine Zeit lang feierten wir ausschließlich Wortgottesdienste. Dann wagte es ein Priester trotz des Verbots, mit uns Eucharistie zu feiern. Andere folgten. Es ging gut. Vom »Domplatz« keine Reaktion. Aber unsere Gemeinde war sehr klein geworden, und neben dem Gottesdienst gab es so gut wie keine weiteren Aktivitäten mehr. Für die Gemeinde ging es ums Überleben. Monika und ich waren Teil der winzigen Gruppe, die während einer langen Durststrecke die Verantwortung übernahm für alles, was es zu koordinieren und zu organisieren gab, und vor allem für die Vorbereitung der Gottesdienste. Es sollte sich lohnen: Zehn, zwölf Jahre später begann die Queergemeinde ganz neu aufzublühen und sich mit einem Generationenwechsel organisch weiterzuentwickeln.

Kapitel 9

Sprachregelung: Wie eine Mitschwester oder Cousine

Zeitsprung. Sprung über eine lange Zeit, in der ich zumeist froh gelaunt in meine Schule ging. Jetzt war ich krank, über viele Wochen. Gleichzeitig steckten Monika und ich in einer heftigen Partnerschaftskrise und hatten eine Klärungszeit mit räumlicher Trennung vereinbart. Beides schon für sich genommen eine ernste Sache. Und es geschah noch etwas Ernstes, doch davon sollte ich erst viel später erfahren. Ein Kollege, dem ich mich anvertraut hatte – inzwischen waren zwei, drei Eingeweihte hinzugekommen –, outete mich bei einigen Menschen im Kollegium. Vielleicht wollte er Verständnis für meine schwierige Situation herstellen. Es geschah aus Wohlwollen, wie er später betonte, aber definitiv gegen meinen Willen. Es war eine Grenzüberschreitung, eine Missachtung meiner Selbstbestimmung. Ich wollte selbst die Kontrolle über mein Geheimnis behalten. Und unsere Beziehungskrise war nun wirklich meine Privatsache! Mein Kollege sprach auch mit der Schulleiterin. Was die beiden im Einzelnen austauschten, habe ich nie erfahren. Und bisher wusste ich von all dem überhaupt nichts.

An einem Spätnachmittag im Winter rief mich Monika aufgeregt an. Meine Chefin habe sich gerade telefonisch bei ihr gemeldet und wolle mit mir sprechen. Ich verstand gar nichts. Durch einen Fehler in ihrem Telefonverzeichnis hatte sie Monika erreicht und vollends überrascht reagiert. Sie war nun in dem Glauben, dass wir wieder zusammenwohnten. Beide ahnten wir nicht, dass die Schulleiterin überhaupt von den getrennten Wohnungen wusste. »Ich bin ja so froh, dass Sie wieder zusammen wohnen – gerade jetzt, wo es Ihrer Freundin so schlecht geht.« Monika war völlig verdutzt. Unter dem Eindruck der großen Anteilnahme und Erleichterung traute sie sich gar nicht, die Schwester zu enttäuschen, sie aufzuklären, dass ihre Freude unberechtigt war. Wir mussten lachen. Wir spielten ein Spiel. Ach, mehr als eines.

Ungeachtet des Lachens war ich schockiert. Die Gedanken kreisten darum, wo die undichte Stelle gewesen sein könnte. Ich fühlte mich zutiefst verunsichert. So wartete ich angespannt auf den Anruf aus dem Direktorium. Meine Emotionen musste ich erst einmal, so gut es ging, »zwischenparken«. »All ihr Heiligen, steht mir jetzt bei!« Es war mir wirklich nicht recht, dass die Chefin jetzt offenbar Details aus meinem Privatleben wusste. Zugleich kam mir der lange mitfühlende Brief in den Sinn, den sie mir ein paar Wochen zuvor ins Krankenhaus geschickt hatte, aus dem ich mittlerweile entlassen worden war ...

Da klingelte das Telefon. Ich saß an jenem Platz am Küchentisch, wo mich viele Jahre später die Tagesschau die ARD-Dokumentation bei meinem öffentlichen Coming-out zeigen sollte.

Durch das Fenster ging mein Blick ins Dunkel des frühen Abends und hin zu den Lichtern vorbeifahrender Autos.

Ich streckte meine inneren Fühler aus, um herauszuhören, welches Anliegen meine Schulleiterin mit ihrem Anruf verfolgte. Wollte sie mir stecken, dass sie Näheres über meine Beziehung erfahren hatte? Hatte sie überhaupt? Ging es um die Frage, wann ich den Unterricht wieder aufnehmen könne? Schon nach wenigen Sätzen wurde mir deutlich, dass sie sich in erster Linie nach meinem gesundheitlichen Befinden erkundigen wollte. Ich nahm eine Atmosphäre des Wohlwollens wahr. Die Schulleiterin vermittelte mir schlicht ein menschlich anteilnehmendes und fürsorgliches Interesse. In diesem Zusammenhang sagte sie: »Ich freue mich, dass du mit alldem nicht allein bist. Ich weiß ja aus unserem Leben im Kloster, wie gut es ist, Unterstützung durch Mitschwestern zu haben. Schwester XY und ich, wir unterstützen uns ja auch wechselseitig.« Sie erwähnte auch eine ältere alleinstehende Kollegin, die in anstrengenden Zeiten stets auf ihre Cousine zählen könne. Von daher sei sie sehr froh, dass Monika und ich wieder zusammenwohnten.

Ob wir noch über Weiteres sprachen und was ich selbst in dem Gespräch sagte, weiß ich nicht mehr. Natürlich fragte ich die Chefin weder nach der Quelle noch nach dem genauen Inhalt ihrer Information.

Als ich den Hörer aufgelegt hatte, war ich sehr erleichtert. »Danke, ihr Heiligen!« Unter der Erleichterung lag aber noch etwas anderes: eine Beklommenheit, die ich nicht greifen konnte.

***

PS: Im Jahr nach dem Telefonat war in der Abiturrede der Schulleiterin ein markanter Satz zu vernehmen: »Ich wende mich gegen die Engführung der Liebe auf die Liebe zwischen Mann und Frau.« Selbstverständlich zielte die Aussage darauf, dass auch die Kräfte der Nächsten- und Gottesliebe zu einem erfüllten Menschsein gehörten. Ich aber meinte noch eine weitere Interpretationsmöglichkeit wahrzunehmen und notierte den Satz mit türkisblauer Tinte in mein Tagebuch.

Kapitel 10
Nach-Denken I

Aus den Worten meiner Schulleiterin an jenem Winterabend entnahm ich sehr Wesentliches. Was sie ihrerseits wirklich meinte und intendierte, sei ihrem und dem Wissen des Himmels überlassen.

Ich hörte Folgendes:
Erstens: Der Schulleiterin lag an meinem Wohl. Zweitens: Sie stand menschlich hinter mir, was mein Zusammenwohnen mit Monika betraf. Drittens: Die genauere Art dieser Beziehung blieb ausdrücklich im Unklaren. Begriffe wie »Mitschwester«, »Cousine«, »gute Freundin«, »Freundin« steckten einen kirchenkompatiblen Rahmen ab. Viertens: Innerhalb dieses Rahmens konnte und wollte man mich halten. Fazit: Die Basis dieser unausgesprochenen Übereinkunft war das Wahren meines blauen Geheimnisses durch sachliches In-der-Schwebe-Halten und sprachliches Nicht-Benennen.
Wenn ich heute daran denke, weiß ich, dass unsere Schulleiterin bis an die Grenze dessen gegangen ist, was zumindest zu dieser Zeit in der katholischen Kirche möglich war. Ich empfand ihre Weise des Umgangs geprägt durch klugen Pragmatismus, aber stärker noch durch ihre große Menschlichkeit. Vielleicht war sie im Tiefsten eine Seelsorgerin. Mehr wäre einfach nicht vorstellbar gewesen – heute bewegt mich das zu Tränen. Und auch, dass ich selbst weder die Freiheit noch die Vorstellungskraft besaß, mir mehr zu wünschen. Dass ich damals nicht einmal zu spüren vermochte, wie viel mir dennoch fehlte.
Vermutlich war es längst vorher geschehen – aber spätestens in diesem Gespräch stieg ich in ein festes inneres Bündnis ein, dessen ich mir nicht bewusst war. Was ich ohnehin schon praktizierte, hier wurde es unausgesprochen ausgesprochen. Teil dieses Bündnisses war auch eine spezifische Konstellation: Einerseits war die Chefin mein Gegenüber, andererseits empfand ich es so, dass wir beide die Amtskirche im Hintergrund als ein gemeinsames Gegenüber hatten.

Kapitel 11
Von der Gleichzeitigkeit des Ungleichzeitigen und einem Kurier

Von der Einschulung der Fünftklässler:innen bis zur Entlassung der Abiturient:innen: Schuljahr um Schuljahr bewegten wir uns durch die Zeit. Die Kluft wurde größer. Im gesellschaftlichen Leben gewannen sexuelle Minderheiten, besonders Schwule und Lesben, allmählich mehr Sichtbarkeit, mehr Rechte, mehr Selbstverständlichkeit. Seit 2001 gab es in Deutschland die eingetragene Lebenspartnerschaft, in den Niederlanden bereits die gleichgeschlechtliche Ehe. In der Kirche änderte sich nichts – bis auf die Personalbögen. Eine Freundin erzählte mir von den Formularen, die in ihrer Einrichtung für Bewerbungsverfahren verwendet wurden. Es gab eine Auflistung möglicher Familienstände zum Ankreuzen. In der ersten Spalte, linksbündig: »ledig«, »verheiratet«, »verwitwet«, »geschieden«. Die Guten ins Töpfchen. Weiter rechts in einer zweiten Spalte »geschieden-wiederverheiratet«. Die Schlechten ... auf den ersten Blick zu erkennen. Da stand neuerdings auch die »eingetragene Lebenspartnerschaft«.

Die Aussagen des kirchlichen Lehramts zur Sexualmoral waren unverändert gültig und wurden regelmäßig bekräftigt. Die Existenz homosexueller Beziehungen gewann mit den Jahren auch im Umfeld der Kirche stärkere Präsenz, was für uns entsprechend bedeutete: Es wurde heikler. Auch unter konservativ-katholischen Menschen gab es nun zunehmend mehr, die den Gedanken zuließen, zwei Frauen wie Monika und ich könnten ein Paar sein, diese Realität aber gleichzeitig weiterhin verurteilten. Die Unbedarftheit starb langsam aus, die ablehnende Haltung mitnichten. Es war die Gleichzeitigkeit des Ungleichzeitigen.

Das Spannungsfeld bei verbotenen Beziehungen blieb, der Modus Vivendi an unserer Schule ebenfalls. Eine Kollegin, die unverheiratet mit ihrem Partner zusammenlebte, war erkrankt. Die Schule benötigte Unterlagen von ihr. In der großen Pause berichtete unsere Schulleiterin, der »Kurier« dieser Kollegin habe unterdessen die Unterlagen gebracht. Das Wort »Kurier« fiel noch ein paar Mal, der »Kurier von Frau X«. Manche von uns scherzten, dass unsere Chefin völlig unbedarft sei, jenseits von Gut und Böse. Dass sie wohl komplett auf der Leitung stehe. Ich hatte ebenfalls Spaß an der Wortwahl, nun sah ich das Vorgehen jedoch ganz anders. Die Vokabel »Kurier« fand ich genial. Mit ihr signalisierte die Chefin, so verstand ich es, dass sie von einem »unproblematischen« Verhältnis zwischen Kollegin und Kurier ausging, nicht mit der kirchlichen Sexualmoral kollidierend. Somit bestand auf ihrer Seite kein Handlungsbedarf. Auch die Kollegin durfte sich sicher fühlen, so das Signal. Hätte unsere Schulleiterin zum Beispiel von deren »Verlobtem« gesprochen, wäre damit gleich die Aufforderung zu einer möglichst zeitnahen Heirat mittransportiert worden. »Kurier!« Was steckte doch alles in diesem einen klug gewählten Wort! Ich erlebte in dieser Pause die Auffrischung einer Lektion, die ich längst gelernt hatte: »Wir nennen die Dinge nicht beim Namen.«

Was mir naheging, war die Reaktion zweier junger Kolleginnen, die gar nicht richtig verstanden, was es mit unserem Pausengespräch auf sich hatte. Dass wir nicht ohne (kirchlichen) Trauschein mit unseren Liebsten zusammenleben durften, schien ihnen nicht bewusst zu sein. Das fand nun ich unbedarft. Damals, vor 2015, galt die strengste Stufe der kirchlichen Loyalitätsverpflichtung noch für alle Lehrkräfte an katholischen Schulen, nicht nur für diejenigen, die katholische Religion unterrichteten. Die Situation meiner Kollegin und ihres »Kuriers« war nun aber de facto weniger heikel als Monikas und meine Lage. Es fiel mir schwer, den beiden Kolleginnen ihre muntere Unbekümmertheit zuzugestehen, die so im Kontrast zu meiner eigenen Situation stand. Sie machten sich überhaupt keinen Kopf um etwas, das zu unserer Realität gehörte und zumindest mein Leben täglich beschwerte. Das durfte überhaupt nicht wahr sein! Ich empfand Neid und dann auch Zorn auf die beiden. Darunter lag die Traurigkeit über meine Bürde, die ich an diesem Tag besonders deutlich wahrnahm. Zum Glück verknüpfte sich diese Gemengelage nicht mit dem wundervollen Wort »Kurier«. Als Synonym für »Partner, nicht kirchenkonform«, wurde es bei uns nämlich zu einem geflügelten Wort, an dem auch ich viel Vergnügen hatte.

Kapitel 12
Willkommen in Absurdistan

In kleinen und kleinsten Situationen: alles war ein Tasten, vor und zurück. Weiterhin gab es einfach keinen selbstverständlichen Umgang mit meiner »persönlichen Lebensführung«, nicht von meiner und nicht von anderer Seite. Jahr für Jahr empfand ich das Eingeengtsein stärker und litt unter meinem Leben im »Pseudo-Modus«. Es war klar, dass ich insbesondere in der Schüler- und Elternschaft bemüht sein musste, nichts über mein Privatleben erkennen zu lassen. Monika als meine Begleitung auf dem Abiball? Auf die Frage »Sind Sie eigentlich verheiratet?« mehr als eine einsilbige Antwort? Undenkbar! Doch hatten junge Menschen nicht ein Recht auf authentische Lehrkräfte? Zumal auf eine authentische Religionslehrerin? Ich sehnte mich nach dieser Authentizität, nach Aufrichtigkeit und Wahrhaftigkeit.

Vor allem lag mir daran, mich in meinem Kollegium offener zu zeigen, in dem ich mich so zu Hause fühlte, war doch die Schule für mich mehr als ein Arbeitsplatz. Ich erinnere mich an einen völlig unspektakulären Moment, in dem mir meine Lage schlagartig deutlich wurde. Eine Kollegin telefonierte im Lehrerzimmer mit einer Autowerkstatt. Wir konnten mithören. »Wie lange wird die Reparatur in Anspruch nehmen? Heute bin ich mit dem Auto meines Mannes unterwegs, er kann den Wagen morgen aber nicht mehr entbehren.« Plötzlich beneidete ich sie. Natürlich hätte ich in vergleichbarer Lage nicht vom »Auto meiner Partnerin« gesprochen. Erst recht nicht, ohne zuvor intensiv über meine Wortwahl nachgedacht zu haben. Ich wusste ja, dass die Art unserer Beziehung in der Schwebe zu halten war. »Macht dieses eine Wort denn einen Unterschied?«, könnte man fragen. Einen Riesenunterschied! Ich sehnte mich nach der schlichten Selbstverständlichkeit, mit der heterosexuelle Menschen ihre Partnerschaften im Alltag erkennbar leben.

Einzelne Male wagte ich mich, ungeübt, doch etwas weiter hinaus, zu weit. In einem kurzen Gespräch mit einer Leitungsperson etwa, im Beisein der beiden Sekretärinnen. Unmittelbar wurde ich unterbrochen. Houston, wir haben ein Problem. Abrupter Themenwechsel. Ich verstand sofort: Das geht so nicht.

Es gab noch einen anderen Grund dafür, dass ich mich weiterhin vorsah: Angesichts möglicher Querverbindungen im katholischen Kosmos musste ich zusätzlich Monika schützen, die in ihrem Arbeitsumfeld ungleich mehr unter Druck stand als ich.

Doch zentimeterweise tastete ich mich vor. Einige Kolleg:innen wussten explizit Bescheid. Anderen vermittelte ich »es« indirekt, indem ich in Pausengesprächen häufiger von uns erzählte, in der »Wir«-Form. Sandte Signale … Aber sehr kontrolliert. Ich kontrollierte fast jede Formulierung, immer lief ein entsprechender Film mit. Auch wenn ich es nicht in jedem Moment spürte, als Unterströmung war ein konstantes Unbehagen da, das Gefühl, dass ich mit jedem Wort eigentlich etwas sehr Heikles, Gewagtes tat. Etwas Verbotenes. Ich wünschte mir, dass meine Kolleginnen und Kollegen verstanden, was ich nicht direkt sagte … Ich selbst war in dieser Art der Kommunikation sehr geübt. Ich verwendete Sprechweisen, mit denen ich meine Partnerschaft erwähnen konnte, während ich sie gleichzeitig nicht direkt aussagte. Mit denen ich sie verborgen hielt, während ich doch etwas mitteilte. Sodass sich im Ernstfall alle darauf hätten zurückziehen können, dass Monika schlicht eine »gute Freundin« war. Ähnlich wie eine Mitschwester oder eine Cousine. Ich baute darauf, dass auch die Gesprächspartner:innen die Regeln dieses Spiels beherrschten. Das war schon viel. So ahnte oder realisierte »es« wahrscheinlich ein Teil des Kollegiums, aber dies war etwas vollständig anderes, als wenn ich die Wahl gehabt hätte, bei passender Gelegenheit auch einmal ganz natürlich über meine Partnerschaft bzw. meine Partnerin zu sprechen

Zum ersten Mal lud ich auch eine Reihe von Kolleginnen und Kollegen zu einer Geburtstagsfeier ein, bei der Monika – im doppelten Sinne: selbstverständlich – an meiner Seite war. Ich genoss ein Stück unverstellter Normalität. Und war selbst überrascht, als mir später deutlich wurde, dass trotzdem nicht alle der Eingeladenen realisiert hatten, in welchem Verhältnis ich eigentlich zu meiner Liebsten stand. Meine Situation, jetzt war sie nur noch abstrus. So wichtig es mir war, mich ausreichend bedeckt zu halten – ich

wäre zugleich so gern endlich erkannt worden als die, die ich bin!
Mein blaues Geheimnis – ein Verwirrspiel auf katholisch.
Es funktionierte perfekt.
Es war erstaunlich, wie es funktionierte.
Es war ja gut, wie es funktionierte.
Nein, es war schrecklich, wie es funktionierte.

Teil II

Geheimnisse in schwarz und golden – Tiefe Wunde, tiefe Kraft

Intro

tiefenbohrung

zuinnerst springt
herzblut
es leuchtet die
wunde leuchtet
liebe

Kapitel 13
Ein Traum

Rückblende. Als ich ein paar Jahre an meiner Schule war, ging unsere Schulleiterin, meine erste Chefin, in den Ruhestand. 27 Jahre hatte sie das Gymnasium geleitet, Schwester Johanna, eine imponierende Persönlichkeit, zu der ich als junge Lehrerin in Ehrfurcht aufschaute. Ihre Verabschiedung fand an einem leuchtenden Sommertag statt. Großer Gottesdienst, festlich, lebendig. Die beiden Schulchöre und das große Orchester, Tanz und Theater – die Schule bot ihren ganzen Reichtum auf. Ansprachen mit großer Aussagekraft. Am Schluss ergriff Schwester Johanna selbst das Wort. Sie schilderte, wie sie ihren Dienst als Schulleiterin im Innersten verstanden hatte. Es war ihr Dank, ihre Antwort auf das, was sie selbst als Schülerin dieser Schule erfahren hatte: Als zehnjähriges jüdisches Mädchen war sie 1936 inkognito in Internat und Schule aufgenommen worden. Weit wichtiger noch als die ausgezeichnete Bildung, die sie hier erfuhr, war der Schutz ihres Lebens – und darüber hinaus eine staunenswerte Achtung vor ihrer jüdischen Identität.

Die meisten von Schwester Johannas Verwandten waren im Holocaust ermordet worden. Wir jungen Lehrerinnen und Lehrer wussten von den jüdischen Wurzeln der christlichen Ordensfrau, zu denen sie erst in der Lebensmitte zurückgefunden hatte. Doch keineswegs wusste ich, was sie ihren Vorgängerinnen verdankt hatte. Es war eine Offenbarung über Schwester Johannas Leben und gleichzeitig über den Geist unserer Schule, in deren großer Tradition seit 1699 nun auch ich meine Schritte ging.

Einige Monate später, Schwester Johanna war nun nicht mehr meine Vorgesetzte, hatte ich einen Traum. Zuerst eine Wüstenszene. Kampf ums Überleben. Dann zwei Boote in einem großen Gewässer. In dem einen Schwester Johanna, in dem anderen ich. Sturm kommt auf. Schwester Johanna ruft mir zu. Sie weist mich auf die Namen der Boote hin. Das erste heißt »Hetero Herero«, das zweite, in dem ich sitze, »Memoria passionis«. Rätselhafte Zauberworte, so kommt es mir vor. Eindringlich wiederholt

Schwester Johanna diese Namen. Und mit lauter Stimme ruft sie: »Wir beide.« Damit endet der Traum. Mitten im Sturm.

Der Traum packt mich. Lange, immer wieder denke ich über das Geträumte nach, über die Handlung, die Bilder.

Wüste und Wasser. Biblische Szenerien im Ersten wie im Zweiten Testament. Grenzerfahrung, Einsamkeit. Orte der Entbehrung sowie der Begegnung mit Gott. Gewässer. Symbol des Unbewussten. Lebensfahrt mit dem Boot. Sturm auf dem See. Kein Jesus in Sicht. Das Wichtigste: die Worte! Gerufen mit lauter Stimme. »Hetero« – heterosexuell?? Ergibt das Sinn? »Hetero Herero« – andere Herero, so versuche ich es zu entschlüsseln. Vergewissere mich im Lexikon, ob es wirklich stimmt: die Herero als Opfer eines Völkermords – und ja, denke ich: der »andere«, der unvergleichliche Völkermord an den Juden.

Dazu passte offensichtlich auch »Memoria passionis« – Gedächtnis des Leidens. Es ist ein theologischer Terminus. In der zweiten Hälfte des 20. Jahrhunderts wirbt der Theologe Johann Baptist Metz in seiner Neuen Politischen Theologie dafür, das Gedächtnis der Leidensgeschichte Jesu nicht losgelöst vom Gedächtnis der Leidensgeschichte der Menschheit zu verstehen, und er konfrontiert die christliche Theologie insbesondere mit der unermesslichen Leidensgeschichte des jüdischen Volkes. So kann ich den Namen meines Bootes Schwester Johannas Lebensgeschichte zuzuordnen. Memoria passionis.

Nur: warum »wir beide«? Inwiefern sollte das für mich bedeutsam sein? Welche Gemeinsamkeit zwischen uns mochte es geben?

Ich finde keine Antwort. Der Traum bleibt rätselhaft.

Unzweifelhaft ist: Da gibt es eine Verbindung zwischen Schwester Johanna und mir. Es geht um Existenzielles. Um Biografisches. Um unser Menschsein.

Kapitel 14
An meiner Grenze

Es ist Sommer. Ein Vierteljahrhundert später. Mit dem Rad fahre ich ein Stück am Ufer eines Sees entlang. Plötzlich höre ich mich summen und singen. »Maria durch ein' Dornwald ging.« Ein Adventslied im Sommer? Nach dem ersten Erstaunen aber denke ich: Alles klar. Eine Maria. Ein Dornwald. Ein Weg.

Ich bin in Norddeutschland. Nicht im Urlaub, sondern als Patientin in einer Klinik für Psychotherapie, mit zusätzlichen Behandlungen in der Orthopädie.

Es geht mir nicht gut, schon lange nicht. Immer mehr schwanden meine Kräfte. Aus meinen Muskeln, aus meinen Gelenken, die sich häufig entzünden. Schlimme Schmerzen. Auch meine psychischen Kräfte sind aufgebraucht. Die Nerven in ständiger Spannung, Angst und Panik, Ausweglosigkeit, alles schwarz. Vielfältige Behandlungen brachten keine Wende. Festgefahren. Durchdrehende Räder.

Für die Zeit der Sommerferien hatte ich eine Reha geplant. Aber ich kam nicht bis zu den Sommerferien.

Im Frühjahr, in der Abiturzeit, spitzte sich meine Lage zu. Eines der Themen: Franz Kafka, Der Proceß. Die dargestellte Ohnmacht des Protagonisten nimmt mich gefangen. Ich bin mittendrin in der Ausweglosigkeit. Keine Grenze mehr zwischen Josef K. und mir. Beklemmung. Bedroht-Sein. Panik.

Ich mobilisiere die letzten Kräfte. Endlich ist das Wichtigste geschafft. Nur noch Prüfungsarbeiten von einer anderen Schule, die ich zur Zweitkorrektur entgegennehme. Noch mehr Kafka. Es ist ein dicker Stapel in einer separaten Tasche, die ich mir unter den Arm klemme. Auf dem Weg zum Parkplatz, noch auf dem Schulhof, habe ich plötzlich ein eigentümliches Gefühl. Irgendetwas macht »Knack« in mir. Dann verliere ich die Kontrolle über meinen Körper. Als wenn die Muskeln kollabierten. Kein Halten mehr.

In diesem Moment weiß ich es: Ich bin an meiner Grenze.

***

Nun ein norddeutscher Sommer, skandinavisches Wetter, wie es mir gefällt. Sonnig und hell, nicht zu warm, immer eine leichte Brise. In der Klinik bin ich umgeben von sympathischen Menschen. Gefährt:innen auf den Wegen im Dornwald.

Ein erstes Gespräch mit einer Ärztin. Ich schildere meine Lage. Dass ich schon immer nicht gut gehen konnte und dass mich jetzt eine verhältnismäßig kleine Knieverletzung völlig aus der Bahn geworfen hat. Dass ich manchmal auf einen Rollator oder Rollstuhl angewiesen bin. Alle Kraft aufwenden muss, um soeben noch die Schule zu schaffen, und mich ansonsten aus dem Leben zurückziehe. Dass ich schon so vieles unternommen habe, um wieder Land zu gewinnen. Und jetzt komplett ratlos bin, wie es mit mir weitergehen kann. Ich berichte auch, dass ich schon früh in meinem Leben Schweres erlebt habe, das mich mehr und mehr einholt. »Wir werden in der Therapie Gespräche führen und viel mit dem Körper arbeiten. Er trägt die Bürde traumatisierender Erfahrungen, in ihm sind sie gespeichert«, erläutert die Ärztin und fährt fort: Möglicherweise hat Ihre Verletzung oder etwas anderes Ihre frühere Erfahrung als Körpererinnerung wieder aktiviert. Erst einmal kommen Sie zur Ruhe, und wir steigen in die Therapie ein; später mögen Sie vielleicht zu unseren Vorträgen kommen, die solche Zusammenhänge in Grundzügen aufzeigen und entsprechende therapeutische Ansätze vorstellen.

***

Die Fenster im großen Raum unter dem Dach bieten einen Rundumblick ins sommerliche Grün. In der Konzentrativen Bewegungstherapie arbeiten wir mit Stäben. Von Anfang an ist mir unwohl, während ich sehe, wie meine Mitpatient:innen sich mit den Stäben in den Händen bewegen. Ich bekomme Angst, immer mehr, beginne zu zittern, drehe mich weg, hin zum Grünen, um es nicht ansehen zu müssen. Ich bin mitten im Dornwald. Die Stäbe sind für mich Stöcke.

Ein Kind, geschlagen mit Stöcken, mit Händen, mit einer Peitsche, bedroht mit einer Heugabel. Ausgesperrt aus dem Haus. Eingesperrt in einen Schrank. In den Geschirrschrank, zu den Pferdegeschirren.

Muffig ist es da, stickig und stockfinster. Wie lange noch? Wohin mit aller Angst und Not?

Es gibt viele solcher Geschichten in dieser Zeit. Hervorgerufen von Männern und Frauen, die innerlich geprägt waren durch Krieg, durch Mangel und Not, durch zeitbedingte Erziehungsvorstellungen, auch durch seelische Belastung oder Verwundung, weitergegeben über Generationen. Geschichten, hervorgerufen von Erwachsenen, die vieles gaben und vieles nicht geben konnten. Die ihr Bestes gaben und zugleich viel Leidvolles bewirkten.

Eine von ihnen ist meine Geschichte.

Kapitel 15
Verwundet

Ein Baby. Über Stunden allein in einem Zimmer, allein in einem
Stockwerk. Totenstille. Ohne Kontakt. Sauber und satt, ja.
Keine Blicke, kein Liebkosen.
Kein »Was brauchst du wohl, kleine Seele?«
Dem kleinen Menschenkind werden die Händchen festgebunden.
Damit es sich nicht mehr im Gesicht kratzen kann.
Wie riesengroß ist deine Angst, Bündelchen Mensch?
Wie hilflos magst du dich fühlen, wie einsam und verlassen?
Mutterseelenallein.

Ein verstörtes Kind.
Kopfrollen in seinem Bett über viele Jahre, bis in die Pubertät hinein.
Dieses Kind ist nicht richtig.

Wichtiger als das Geschehene, sagt meine Ärztin in der Klinik,
sind die Folgen, die es in den unterschiedlichen Systemen des Körpers hinterlässt. Sie lösen sich nicht einfach auf.

Das kleine Mädchen, ihr fiel es schwer zu laufen.
Da war etwas mit ihrem Hüftgelenk, ihren Muskeln und wohl
manchem mehr. Zum Glück war sie nicht auf den Kopf gefallen.
Die Kleine breitete die Arme aus, so konnte sie sich helfen,
die Balance zu finden. Doch so durfte sie nicht laufen. Das war
nicht richtig, nicht normal.
Das durfte niemand sehen. Das durfte nicht da sein, nicht wahr sein.
Wieder blieb nur, ihr die Hände zu binden, zusammenzubinden.
Sie zu fesseln.
Nun konnte sie sich beim Gehen nicht mehr helfen. Sie verlor das
Gleichgewicht. Kein Halten mehr. Sie stürzte, auf den Kopf.
Immer wieder.
Nun doch auf den Kopf gefallen.

Sie schrie.
Sie sollte nicht schreien.
Sie hatte Beulen auf der Stirn und Narben, viele.
Niemand sollte diese sehen. Eine Ponyfrisur musste sie
kaschieren.

»Maria durch ein' Dornwald ging ... Ein kleines Kindlein ohne Schmerzen ...« Heißt es wirklich »ohne Schmerzen«??
Ein Kind, wieder und wieder auf den Kopf gefallen, wird nicht leichtfüßig durch sein Leben gehen. Ein Kind, das an seiner eigenen Weise der Bewegung gehindert wird, fühlt sich zutiefst unverstanden. Bewegen – ist gefährlich. Sich selbst zu helfen wissen – ist gefährlich. Ein Kind mit gebundenen Händen – nach dem Fallen vermag es nicht aufzustehen: Ohnmacht zieht in sein Leben ein.

Ein Kind, das erlebt, dass ausgerechnet die Menschen, die ihm am nächsten stehen, bedrohlich sind, steht ununterbrochen unter Spannung. Wie sollte es zu vertrauen lernen? Die ständige Angst, dass ein Verhängnis droht. Wenn dies ..., wenn nicht jenes ..., ganz gleich, was ... – Es wird etwas Schlimmes passieren. Erbarmungslos. Diese Welt: kein guter Ort.

***

»Die menschliche Natur sucht Wege, solches zu überstehen, der Organismus schützt sich«, höre ich später in einem der Vorträge, »aber diese Wege sind einer gesunden und vollständigen Entwicklung abträglich. Die Muskeln, das Nervensystem, die Psyche, alle biologischen Systeme – jede Zelle des Körpers kann Schaden nehmen. Ebenso wie die frühe Erfahrung liebevoller Zuwendung wirken umgekehrt Ohnmachtserfahrungen sich bis in die Biochemie des Säuglings aus. Und sogar in der dauerhaftesten Substanz des Körpers, in den Knochen, kann sich seelische Belastung speichern.«
Ich beginne zu begreifen. Zeichen über Zeichen. Immense Symptome. Selbst »Nebenprobleme« erklären sich: Wie oft stehe ich in der Schule am Schwarzen Brett und kann die Mitteilungen nicht

finden, auf die meine Kolleg:innen mich bereits hingewiesen haben. Übersehe Artikel auf einer Zeitungsseite, suche vergeblich die Butter im Kühlschrank. Kann mich räumlich überaus schlecht orientieren. »Der Tunnelblick, den unsere Natur uns in Notsituationen zur Verfügung stellt, kann sich verstetigen«, lerne ich. Und weiter: »Manchmal entstehen bei früh gestörter Bindung zum Beispiel auch eine Schielproblematik oder Schwierigkeiten mit Blickkontakt.«

Es tut gut, auf meine Geschichte zu blicken und mich selbst mehr verstehen zu lernen: Verwundet zu sein macht besonders verwundbar und lässt immer neue Wunden entstehen. *Das Kind schielt so furchtbar. Kann man ein Kind so rumlaufen lassen?* Nicht verstanden, waren es ausgerechnet die Folgesymptome des Geschehenen, die immer neue Anlässe für Beschämung bildeten. Scham folgte auf Scham. Die Scham über die Folgen der Verwundungen, Verwundungen, von denen niemand etwas ahnte. *Ein Kind merkt das doch gar nicht, es vergisst sofort.*

Verborgen im Innern ein tiefschwarzes Geheimnis, das beschwert und bedrängt und blockiert. Verkehrt sein. Kaschieren. Das darf keiner sehen.

***

Das Mädchen wurde älter. Ihre eigenen Vorstellungen zum Ausdruck zu bringen, gar im Widerspruch zu den Erwachsenen, das war hochgefährlich.

Dieser verfluchte Eigensinn – Sinn für das Eigene –, er musste dem Kind ausgetrieben werden! So kommt es, insbesondere bei Tisch, stets wieder zu Beschimpfungen und Ausbrüchen mit beängstigender Vehemenz.

Noch mit 16 Jahren bekennt die Jugendliche bei der Beichte also ihre Hauptsünde: »Ich habe Widerworte gegeben.«

Diesmal sitzt im Beichtstuhl ein junger Kaplan, der ihr, ganz überraschend, erwidert: »Du darfst und musst sogar äußern, wie du die Dinge siehst und empfindest. Das ist keine Sünde!« Unglaublich!

Im ersten Moment wieder die Scham – darüber, dass sie nun auch noch Falsches beichtete.

Dann kommt sie ins Nachdenken.
Und in eine unlösbare Situation.
Denn sie selbst war gar nicht die wichtigste Adressatin der
Botschaft aus dem Beichtstuhl. Würde sie ihrer neuen Einsicht
folgen, sich gar noch auf die Autorität des Geistlichen beziehen,
sie hätte mehr denn je Schlimmes zu erwarten.
Sprechen gefährdet die Gesundheit.
Das hatte sie den jungen Kaplan nicht wissen lassen.

Ein letztes Mal der Versuch, sich mitzuteilen
aus der Sehnsucht, gesehen zu werden,
mit dem, was sie wirklich beschäftigte und ausmachte.
Aus sicherem Abstand, mit einem Brief. Aus Taizé.
Mit 19, inzwischen ist sie bereits im Studium.
Sie schreibt von der Internationalität der vielen jungen Menschen,
die sie so begeistert, den vielen Sprachen,
von der Erfahrung der Stille,
den nicht enden wollenden Gesängen.
Magnificat, Cantate Domino, Jubilate Deo.

Als sie zurückkommt, wird sie mit scharfen Worten empfangen:
Beten solle sie zu Hause, in Frankreich habe sie nur
»Geld verjubelt«.
Sie muss schlucken. Hatte sie nicht Gott gejubelt?
Sogar buchstäblich?
Aber bloß kein Widerwort.

Große Erschütterung. Was in mir war, was Not war, was nie gesehen wurde. In der Klinik werden meine frühesten Erfahrungen
bezeugt und gewürdigt. Nach und nach gewinne ich ein Gespür für
meine eigene Geschichte und Prägung.
Der Beginn eines Weges.

Kapitel 16
Eine ungeahnte Gefährtin

In der Nacht ein Traum. Eine Wüstenszene. Noch träumend weiß ich: Hier war ich schon einmal. Im Morgengrauen sind auch sie wieder da – das Wasser, die Namen der Boote. »Hetero Herero« – »Memoria passionis«. Dieser Traum, den ich nie vergessen habe. Der Sturm. Schwester Johanna und ich. Konnte das sein? Durfte ich das überhaupt zusammendenken? Ihre Leidensgeschichte im Kontext der sechs Millionen? Und meine so ganz anders leidvolle Geschichte?

Schwester Johanna bezeichnete die Rückkehr zu ihren jüdischen Wurzeln als Wendepunkt in ihrem Leben, als »Aufbruch und Heimkehr zugleich«. Diese Hinwendung zu ihrer Herkunft und Geschichte habe sie auf neue Weise die Verletzungen und die Verunsicherung spüren lassen, die sie durch den Judenhass der Nazis, aber auch durch die kirchliche Verwerfungstheologie erfahren habe, so schilderte sie es bei verschiedenen Gelegenheiten. Wir luden sie als Zeitzeugin in den Unterricht ein. Sie berichtete von einem intensiven Prozess über Jahre hin, der sie zum Bekenntnis ihrer jüdischen Herkunft geführt hatte. Zu einem neuen Selbstverständnis, zu einer Ganzheit: »Identität gewinnt man nicht durch Verdrängung, sondern durch Akzeptanz.«

In Schwester Johannas Weg sah ich nun meinen eigenen Weg gespiegelt, den Weg zur Wahrheit meines Lebens, der Wahrheit mit ihrer bitteren Seite. Die Hinwendung zu den Wurzeln meines Geworden-Seins. Plötzlich erschloss sich mir – bei aller Unterschiedlichkeit unserer Lebensgeschichten – die rätselhafte Gemeinsamkeit der beiden Traumfiguren: »Wir beide.«

Ich konnte darüber nur staunen, dass es Schwester Johanna war, der mein Inneres im Traum ein Wissen um meine traumatische Erfahrung zuordnete, die doch tief in mir vergraben war. Während ich erste Schritte ging, meine eigene Geschichte anzunehmen, tat es mir gut, in Schwester Johanna um eine Gefährtin zu wissen, die den anspruchsvollen Weg zu ihren Wurzeln bereits gegangen war. Es gab mir Trost. Und Kraft.

Noch etwas: Nie sprach ich mit Schwester Johanna über den Traum. Aber dass wir uns im Laufe der Jahrzehnte mit wachsender Offenheit begegneten, hatte – von meiner Seite aus – viel mit ihm zu tun.

***

Neben so zahlreichem anderen gehörte all das zu dem großen Reichtum, den ich mit meiner Schule verknüpfte, mit dem Kloster als ihrem Träger. Die Fallhöhe, wenn ich die Schule hätte verlassen müssen, wäre riesig gewesen.

Kapitel 17

Heilungswege

Mein Kliniksommer. »Das Trauma ist wie ein Programm, das nicht gelöscht werden kann«, höre ich in einem der Vorträge, »wohl aber überschrieben. Das zu initiieren, darum geht es in unserer Arbeit hier und vor allem in Ihrer eigenen Arbeit, auch nach der Entlassung.« Gangschule in der Orthopädie. In der Psychotherapie »Klopfen« und »Atmen«. In meinem Körper gibt es vermintes Gelände. Wenn ich tief atme, bis in den unteren Bauchraum, komme ich in Berührung mit etwas, das ich schwarze Löcher nenne. Gefühle, die kaum aushaltbar sind. Ich beginne vorsichtig, sie kennenzulernen. Vieles mehr. »So ist das in der Therapie«, sagt meine Körperpsychotherapeutin, »zwei Schritte vor und einer zurück. Wir nennen das den Tanz der Heilung.« Manchmal war es auch umgekehrt: ein Schritt vor und zwei zurück.
Später, im Rückblick, werde ich schreiben:

NICHT MEHR BODENLOS

I
EIN MENSCHENFLÜSTERER
SPRICHT MIR VOM GLÜCK
NIMMT MICH AN DIE HAND
DIE SCHUHE GESCHNÜRT
UND ICH BRECHE AUF

II
DREIMAL AM TAG
KLOPFE ICH
GEHE HINAB
TASTE MICH VOR
ATME HINEIN
IN SCHWARZE LÖCHER
UM LEIB UND LEBEN –

LIEBE MICH
HAND AUFS HERZ
IN MIR EIN

III
ZWEI FÜSSE ERTASTEN
BODEN IM HERZGRUND

Schon recht früh im Laufe des Aufenthalts zeichnet sich ab, dass meine körperliche Situation sich schwerlich wird bessern können. Stattdessen wird es darum gehen, den Ist-Zustand möglichst lange zu halten. Im Abschlussgespräch thematisiere ich noch einmal meine Enttäuschung und die Sorge um mein Weitergehen. Meine Therapeutin fasst zusammen: »Sie wissen es ja schon, Sie können mit – nicht trotz – all dem das Ziel verfolgen, dass es Ihnen möglichst gut geht. In dieser Hinsicht gibt es den Spielraum. Es ist weniger ein Machen denn ein Wachsenlassen. Kein Druck!« Und dann sagt sie einen entscheidenden Satz: »Die einzige Frage ist: Können Sie sich von ganzem Herzen annehmen, auch wenn Sie nie mehr die Treppenstufen schaffen?«
Ich hatte noch einen weiten Weg vor mir. Es dauerte Jahre, bis ich tatsächlich nachvollziehen konnte, was meine Therapeutin gemeint hatte. Als ich immer mehr davon erlebte. »Da haben die Dornen Rosen getragen.«

Kapitel 18
Andocken können

Lange und mühsame Lebensprozesse. Es ging nicht nur um Schön-
heitsreparaturen im Haus meines Lebens oder um ein gründliches
Aufräumen im Keller. Es ging um nichts weniger als darum, die Fun-
damente nachträglich zu erneuern, zu festigen und zu erweitern.

Viele Fragen. Nach Sinn. Nach Gott*. Nach Gottes Idee für mein Leben. Hadern mit Gott*. Warum? Wozu? Gott* als Frage. Gott*, der-
die-das Ferne, Verborgene, Dunkle. Abgründige. Sehnsucht nach
Gott*, kein Bock auf Gott* ... Halt suchen, in Gott*. Halt verlieren,
trotz Gott*. Und Gottes Schmerz? Ringen in der Nacht. In kleinen
und kleinsten Schritten tastete ich in meinen Schmerz. Mit Gott*.
In die schwarzen Löcher.
Ich sehnte mich nach einem Ort ohne schwarze Löcher. So viel
Trauma, so viel Leid, *here down on earth*! Wie geht das zusammen
mit Gott*? Diese brennend große Frage der Theologie, Theodizeefrage genannt. Wie oft schon war sie »in Reli« Gegenstand des
Nachdenkens gewesen, tiefgründiger Diskussionen, Textarbeiten,
Gestaltungsaufgaben. Und in Abiturprüfungen! Ich nahm manche
der Texte hervor, las in Aufsätzen und Büchern. Auch wenn mein
Zugang zur Theodizeefrage jetzt ein existenzieller war, nicht aus
nüchternem Nachdenken kommend, sondern aus innerer Not, so
blieb die theologische Außenperspektive für mich weiterhin weg-
weisend. Das Fragen des Kopfes und das Fragen des Herzens, das
Bohren und das Brennen – sie waren für mich nicht zu trennen.
Wieder tat es mir gut, an Schwester Johanna zu denken. Ich wusste:
Es war nicht nur das unermessliche Leid, das sie erfahren hatte,
sondern die Glaubenskraft, die tiefer reichte als alles Erlittene. Tiefer als der Gottesschmerz. Dieses Vertrauen in Gott* trug sie auch
in ihrem Ordensnamen: Schwester Johanna von der Treue Gottes.
Für mich war es glaubwürdig.
Ich stand gern in Beziehung mit Menschen, die auf intensive Weise
aus ihrem Gottesbezug lebten. Aus dem Gebet. In der Verbundenheit mit ihnen kam ich in Resonanz mit der Kraft in meiner eige-

nen Tiefe. Gotteskraft. Andocken können. Vertrauen auf Heil. Wäre es doch wahr! Schwester Johanna nahm das Wort »Gott*« nicht leichtfertig in den Mund. Und wenn sie es tat, hatte es umso größeres Gewicht. Sie gehörte nicht zu denen, so empfand ich es, die Schwieriges am liebsten »wegbeten« wollten. Einmal hatte sie in einem Gottesdienst explizit von ihrer »Erfahrung« gesprochen, »dass Gott auch in den unheilvollsten Situationen Heil schaffen kann«. So hatte sie den Kern des jüdisch-christlichen Glaubens formuliert – und mich mit diesem Satz in meinem innersten Kern getroffen. Ich war wie elektrisiert! Wenn Schwester Johanna es so erfahren hatte, konnte es dann nicht auch für mich wahr werden? Mir erschien ihre Aussage als etwas ganz anderes als ein naiv dahergesagtes »Am Ende wird alles gut«. Eine, die schlimmste Abgründe hatte durchschreiten müssen, die »Todschattenschlucht« (Martin Buber), war keine Lebens- und Weltbeschönigerin. Nun erinnerte ich mich wieder an ihre Worte. Nicht »aus« hatte sie gesagt, sondern »in den unheilvollsten Situationen«, da könne Gott Heil schaffen. Vielleicht durfte ich es so verstehen, dass beides gleichzeitig da sein konnte, das Unheilvolle und das Heilvolle? Wohnte in meinen schwarzen Löchern vielleicht auch Gott*, göttliche Gegenwart?

Einen Brief, Jahre zuvor, hatte Schwester Johanna mit dem Wunsch beschlossen, »dass auch in der Finsternis jemand an Ihrer Seite ist, der Ihre Hand nicht loslässt«. Meine Hand, meine Hände. Ich verstand es jetzt noch einmal neu, dieses eingängige klassische Bild für das Sich-Gott*-Anvertrauen: Gehalten sein. Nicht gefesselt.

Es waren Wege der »Tiefung«, der »Updates« für meine Gottesfragen und für meine Gottesbeziehung. Als meine Fragen ruhiger wurden, als ich in ihnen ruhiger wurde, kam ich wieder bei dem berühmten Rahner-Zitat aus, das ich erstmals im Studium in einer Vorlesung gehört hatte: »Die Unbegreiflichkeit des Leids ist ein Stück an der Unbegreiflichkeit Gottes.«

Kapitel 19
Mich ausstrecken

Eine Buchhandlung mit einer kleinen Abteilung »Religion und Lebenssinn«. Mein Blick fällt auf ein auffällig präsentiertes Buch mit dem Titel »Gott suchen in der Krise« – das Cover mit roséfarbenem Himmel über etwas Dunklem, auf rotem Button das Wort »Corona«. Ich möchte weitergehen, lasse noch andere Kunden vorbei, zwei Frauen und ein Baby im Kinderwagen, stehe immer noch an dieser Stelle.

Es scheint eine Art Krisenregal zu sein, vor dem ich stehe, Coronakrise, Lebenskrise, Sinnkrise, Gott in der Krise und manche K-Wörter mehr auf den Buchrücken. In der jetzigen Phase meines Lebens interessiert mich anderes. Im Regal noch ein Band, der den Charakter eines Arbeitsbuches hat, mit Tests und Übungen zum Ankreuzen und zum Ausfüllen. Es geht um ein Training »spiritueller Ressourcen«. In »Krisen«. Meine Güte, was es alles gibt!

Mittlerweile ist mehr Leichtigkeit in mein Leben eingezogen. Da bist du wohl ganz klar im Vorteil, zwinkere ich mir selbst zu, mit einem Leben, das schon am Anfang im Krisenmodus verlief. Ein echter Trainingsvorsprung! Ganz ohne Buch. Denn in der Tat begann meine Suche nach Gott* längst, bevor ich überhaupt ein einziges Wort lesen konnte.

Es gibt viele Einfallstore des Göttlichen, und ja, zu ihnen gehören Leid, Schrecken und Schmerz. In Trauer und Verletzlichkeit, in ausweglos erscheinender Lage kann es geschehen, dass ein Suchen aufkommt nach »guten Mächten«, die trotz allem Hoffnung, Halt und Hilfe geben können. Dass Menschen sich »erinnern« an das Heile, Ganze, aus dem sie hervorgegangen sind. Dass sie sich feinfühlig öffnen für Kräfte, die nicht von dieser Welt sind. Himmlische Kräfte. Nach ihnen streckte ich mich schon als kleines Mädchen ganz weit aus.

Wo ich aufwuchs, gab es ein Wort dafür: Gott. Es gab viele Worte. Gebete und Lieder. Es gab Jesus, Engel und Heilige. Fest- und Feiertage. Den Reichtum des Kirchenjahres. Es gab den Rosenkranz, die Gewitterkerze, den Mai-Altar. Weihwasser, Kreuze und Marienfiguren. Eine Herz-Jesu-Darstellung. Gottesdienste. Prozessionen. Im August die Kräutersegnung in der Kirche. Auch ich durfte einen Strauß mitbringen. Johanniskraut: die kleinen Blüten wie gelbe Sonnen mit süßem Duft. Kamille, Rainfarn, Königskerze. Hafer mit seinen Rispen, die sich so schön bewegten ... Alles verwies auf die Gegenwart Gottes.

Dies war eine Welt, in der ich mich bergen konnte. In der ich Rettung fand. Ihr Name war: Kirche. (Im Entferntesten konnte ich nicht ahnen, dass andere Kinder in dieser Zeit genau hier Aller-, Allerschlimmstes erleiden mussten. Dass sie in ihrer Not vergeblich auf Rettung hofften.) In meinem Leben war die Kirche ein Raum des Aufatmens. Halt gebend und emotional verlässlich. Krisentauglich.

Ich konnte mich an so viele konkrete Zeichen halten, die für das große göttliche Geheimnis standen – das goldene Geheimnis. Menschen lebten mir etwas vor, für das ich empfänglich war. Machbar war es nicht, es wurde mir geschenkt. Auch dies ging mir ganz und gar in Fleisch und Blut über, genauso wie das Erleben von Mangel und Gewalt. So gab es in meinem jungen Leben die tiefschwarzen und gleichzeitig die leuchtend hellen Fäden, die des Heilen, Heiligen. Mit beiden war es verwoben, mit Zusammenhängen von »Erbschuld« wie auch von »Erbgnade«.

Kapitel 20

Verlorenheit

Zu meiner religiösen Prägung gehörte es, Lieder zu singen. Manche dieser Lieder zogen in mein Inneres ein und bewohnten es für eine lange Zeit.

Ein Lied, das mich besonders anrührte, wurde in den Gottesdiensten der Weihnachtszeit gesungen. Ich sehe mich noch mit einigen anderen Kindern in der zweiten Bank im linken Seitenschiff der festlich geschmückten Kirche, die Tannenbäume, den Weihrauchduft. Das Lied trägt den Titel: »Menschen, die ihr wart verloren …«. Als Kind hörte ich diese Formulierung nicht erlösungstheologisch, sondern als Ausdruck meines eigenen Lebensgefühls. Offenbar sprach hier eine Person, die ahnen konnte, was ich empfand. Verlorenheit, ein tiefes Grundgefühl von allem Anfang an. Eine konstante Unterströmung. Ungeachtet der festlich-fröhlichen Melodie: Jahr für Jahr brachte mich diese Stelle des Liedes mit meiner tiefen Traurigkeit in Berührung, und ich fühlte mich wahrgenommen, für einen Augenblick, fühlte mich traurig und getröstet zugleich. Verloren sein. Ach, wir Verlorenen! Rückblickend staune ich, dass ich bereits im Grundschulalter so intensiv mit diesem Begriff in Resonanz gehen konnte. Ebenfalls Jahr für Jahr versuchte ich mit heiligem Ernst der anschließenden Aufforderung zu folgen: »lebet auf, erfreuet euch«. Aufleben, wie schön wäre das! Und tatsächlich, während und solange ich sang, wurde mein Herz leichter.

Wie gut, dass ich Lieder singen konnte, am liebsten solche mit vielen Strophen!

Jahre später. Ich erinnere mich, wie ich im Studium in einer Bibliothek vor einem vielbändigen theologischen Lexikon stand und beim Blättern nach einem anderen Begriff plötzlich auf die »Verlorenheit« stieß. Thematisiert wurde insbesondere die ewige Verlorenheit, aber es kamen auch Aspekte wie Sinnverlust sowie Existenzangst als Phänomen der Moderne zur Sprache. Weniger die Möglichkeit einer ewigen Verlorenheit nach dem Tod machte mir zu schaffen als diejenige einer »ewig« andauernden Verlorenheit als Grundgestimmtheit im Hier und Jetzt.

In meinem eigenen Besitz in meinem Studentenzimmerchen hatte ich eine Ausgabe »Kleines theologisches Wörterbuch«, einbändig, hellgrün, in dem das Stichwort »Verlorenheit« nicht enthalten war. Doch an den Bleistiftstrichen lässt sich heute noch erkennen, dass ich mich Begriffen zuwandte wie »Leiden«, »Verzweiflung«, »Hoffnung«, »Heil«.

Beim Sortieren von Unterlagen fiel mir vor Kurzem eine Seminararbeit wieder in die Hand, die ich zu einem Text des Ersten (Alten) Testaments verfasst hatte. Ich war sehr stolz auf sie gewesen und hatte sie deshalb aufbewahrt. Nun las ich wieder von aufgeschichteten Dunkelheiten in literarischer Verdichtung. Vom Schreien nach Leben und Gerechtigkeit. Von Motiven der Befreiung und Errettung. In manchen theologischen Sektionen hatte ich zweifellos nicht nur gehaltvolle Nahrung für den Hunger des Intellekts gefunden, sondern unterhalb des Analytischen auch Belebung bei dem Durst, der in meiner Kehle und Seele brannte. Manches davon hatte mir sehr gut getan, nicht gegen die Verlorenheit, doch in ihr.

Jahrzehnte später. Wieder ein Weihnachtsfest »Menschen, die ihr *wart* (!) verloren ...« Für mich unvorstellbar: meine Verlorenheit – keine »ewige«! Als ständige Begleiterin ließ sie mich los, als ich nach dem Aufbrechen der seelischen Verwundungen auf meinem Heilungsweg meine Erfahrungen integrieren und »das traumatische Programm überschreiben« konnte, Stückchen für Stückchen. Ich weiß noch, wie ich an einem trüben Spätnachmittag auf der Straße plötzlich realisierte: Dies ist das erste Mal in deinem Leben, dass du dich nicht einmal im November verloren fühlst. Voller Erstaunen, Dankbarkeit und Glück. »Lebet auf, erfreuet euch!« Manchmal kehrt die alte Begleiterin für ein Weilchen zu mir zurück – bis sie dann, vielleicht unzufrieden mit meiner Gesellschaft, wieder aufbricht.

Kapitel 21

Maria, breit den Mantel aus

Als ich sehr jung war, noch vor der Einschulung, war es ein anderes Lied, das ich besonders mochte: »Maria, breit den Mantel aus«. Manche Wendungen aus dem Text blieben mir unverständlich, »Schutz und Schirm«, »Patronin voller Güte«, doch mich erreichte die in den Worten vermittelte Atmosphäre. Zudem hatte ich schon einmal eine bildliche Darstellung der Schutzmantelmadonna gesehen. Wichtiger als die Maria selbst war für mich ihr großer Mantel, fast wie ein Zelt, unter dem eine Vielzahl von Menschen sich sammelte. Ja, was ich so dringend brauchte: geschützt und geborgen zu sein, Sicherheit zu erfahren in einer Gemeinschaft, hier bildete es sich ab.

Sprung voraus: Erst als ich schon eine Reihe von Jahren als Lehrerin an meiner Schule tätig war, nahm ich an einem meist verschlossenen Seitenausgang in der Nähe der Klosterkirche eine bronzene Heiligenfigur wahr, die ebenfalls einen Schutzmantel trug. Es war eine Schutzmantel-Ursula. Ihr Mantel war nach vorn weit geöffnet, und es kam mir so vor, als ob die Menschen, die sich unter ihm sammelten, in Freiheit ein- und auch wieder ausgehen, individuell hervortreten konnten. Gut auch für die frische Luft, dachte ich. Schon lange hatte ich das Motiv der Schutzmantelmadonna aus dem Blick verloren – plötzlich war die Verbindung wieder da. Vielleicht, so ging es mir durch den Kopf, hatte auch mein Dasein an unserer Schule eine solche Qualität: eine erwachsene Zugehörigkeit, die mit Freiheit, Autonomie – und frischer Luft – gepaart war. Weder uneingeschränkt noch ungebrochen – und doch sehr schön!

Kapitel 22

»... und folgsam ihren Lehren«

Zurück in meine Kindheit: In der Schulmesse am Morgen sangen wir ein Lied, das bei mir einige Fragen aufwarf. Es begann mit der Zeile »Fest soll mein Taufbund immer stehen.«

Seitdem ich zur Schule ging und lesen konnte, mochte ich es nicht, etwas zu singen, dessen Sinn ich nicht verstand oder dem ich nicht zustimmen konnte. Mich verwunderte, dass es bei diesem Lied weniger um Gott oder Jesus oder die Heiligen ging, sondern um die Kirche, die bereits in meinem kindlichen Verständnis ihnen untergeordnet war.

Am Nachmittag fragte ich meine Mutter nach einer Passage, die sich mir nicht erschloss:

»Ich will die Kirche hören.
Sie soll mich allzeit gläubig sehen
und folgsam ihren Lehren.«

Die Szene steht mir lebendig vor Augen, es war im Garten, wir pflückten Johannisbeeren. In ihrer Erklärung zog meine Mutter – sie kannte den Wortlaut des Textes auswendig – eine Parallele zum Verhältnis zwischen Erwachsenen und Kindern, die »hören« und »folgsam« sein müssten. Das fühlte sich nicht gut an. Andererseits aber erlebte ich mich in der Kirche sehr aufgehoben! Da konnte ich doch »aufleben«.

In der Liedstrophe gab es zwei weitere Stellen, über die ich mir Gedanken machte: »Sie soll mich allzeit gläubig sehen«. Sollte nicht eigentlich Gott derjenige sein, der meinen Glauben sieht – anstatt der Kirche? Und dann der Begriff »Lehren«. Ihn verknüpfte ich mit der Schule. Mit Fräulein Eggenstein. Hatte die Kirche andere »Lehren«? Vielleicht hatte es mit dem Beichtspiegel zu tun, der Sündenliste für die Kinderbeichte? Darüber hinaus vermochte ich mir nicht vorzustellen, jemals mit speziellen »Lehren« der Kirche in Widerstreit zu geraten.

Aus ganzem Herzen zustimmen konnte ich den sich anschließenden Verszeilen: »Dank sei dem Herrn, der mich aus Gnad/ in seine Kirch berufen hat« – Ich war so gern in der Kirche! Keine Frage! Der Schluss der Liedstrophe allerdings ließ mich wieder stutzen: »Nie will ich von ihr weichen.« Meine Mutter erklärte mir die Bedeutung des Verbs. Wenn ich doch so gern in die Kirche ging, warum sollte ich sie dann verlassen wollen? Schon allein diese Idee!? Das eigens hervorzuheben, war mir auch aus einem anderen Grund suspekt. Denn: »Ich will«-Sätze waren gefährlich. Das Einzige, was ein Kind wollen durfte, war: »Ich will es nicht wieder tun.« Ein Nicht-Wollen. Ein Wollen unter Druck. Dann drohte Böses. So klang es auch hier: »Nie will ich ...« Oder?

Nein, das passte alles nicht zusammen, die Kirche war doch ein ganz anderer Ort! Ein Ort mit »Halleluja«, »Großer Gott, wir loben dich« und der wundervollen Bitte, Gott »werf all Angst, Furcht, Sorg und Schmerz/ in Meerestiefen hin«.

Als Aktivistin bei #OutInChurch sollten mir das Lied vom Taufbund und die Szene im Obstgarten wieder in den Sinn kommen. (Am Rande bemerkt: Die Liedstrophe wird in manchen deutschen Bistümern auch heute noch im Gottesdienst gesungen.) Mit Freude und Hochachtung denke ich zurück an das wache Gespür, an das gründliche Nachdenken des Mädchens bei den Johannisbeersträuchern.

Kapitel 23
Lebenslitanei

In meiner Kindheit hatte ich auch die Gebetsform der Litanei kennen und schätzen gelernt. Gesprochen oder gesungen erlebte ich sie übrigens nicht nur in der Kirche, sondern zuweilen auch in der Familie, nach dem Abendessen. Meine Oma betete vor, wir anderen stimmten antwortend ein. Mir gefiel die Kombination von Wiederholung und Variation. Es war eine Bewegung des »Einkreisens« (Peter Wild), die eine meditative und vor allem bei gemeinschaftlichem Singen auch eine bergende Atmosphäre schuf. Zugleich beinhaltete das litaneiartige Beten in meinem Empfinden auch die Möglichkeit, Gott ausdauernd zu bestürmen – oder die Heiligen, wie sie in der klassischen Allerheiligenlitanei angerufen werden. All die Heiligen – so viele Menschen waren da, die mir aus dem Himmel heraus beistanden! Ich war nicht allein. Ich fühlte mich »behütet und getröstet wunderbar« (Dietrich Bonhoeffer), während die Allerheiligenlitanei gesungen wurde.

Für das »Innehalten«, eine sehr persönlich gestaltete Liturgie zu Beginn der Feier meines 49. Geburtstags, verfasste ich selbst eine Litanei. Ich nannte sie: Lebenslitanei. Mit einem mir befreundeten Kantor sangen wir sie auf die Melodie der Allerheiligenlitanei. Es war eine mehr als dreißigfache Bitte um die göttliche Kraft:

LEBENSLITANEI

GOTT*, GRUND UNSERES LEBENS: ALLE: WIR RUFEN ZU DIR.
JESUS CHRISTUS, LICHT UNSERES LEBENS:
HEILIGE GEISTESKRAFT, ATEM UNSERES LEBENS:

IN UNSERE LEBENSJAHRE   ALLE: LASS STRÖMEN DEINE KRAFT.
IN UNSERE LEBENSPHASEN
IN UNSERE LEBENSWEGE

IN UNSERE LEBENSFRAGEN
IN UNSERE LEBENSFREUDE
IN UNSERE LEBENSHOFFNUNG

IN UNSERE LEBENSLUST
IN UNSER LEBENSLEID
IN UNSERE LEBENSKRÄFTE

IN UNSERE LEBENSAUFGABEN
IN UNSERE LEBENSFELDER
IN UNSERE LEBENSWÜNSCHE

IN UNSERE LEBENSSPANNUNGEN
IN UNSER LEBENSSCHICKSAL
IN UNSERE LEBENSENTSCHEIDUNGEN

IN UNSERE LEBENSZIELE
IN UNSERE LEBENSTHEMEN
IN UNSERE LEBENSKRISEN

IN UNSERE LEBENSKÄMPFE
IN UNSERE LEBENSGESCHICHTEN
IN UNSERE LEBENSBEZIEHUNGEN

IN UNSEREN LEBENSMUT
IN UNSERE LEBENSWEISHEIT
IN UNSERE LEBENSSCHRITTE

IN UNSERE LEBENSFORMEN
IN UNSERE LEBENSWELTEN
IN UNSERE LEBENSRHYTHMEN

IN UNSERE LEBENSÄNGSTE
IN UNSERE LEBENSZUVERSICHT
IN UNSERE LEBENSERFAHRUNGEN

IN UNSER LEBENSGLÜCK

ALL IHR ENGEL UND ERZENGEL!   ALLE: ES STRÖME EURE KRAFT.
ALL IHR HEILIGEN GOTTES!
ALL IHR VERSTORBENEN, VERBUNDEN MIT UNSEREM LEBEN!

DU, GEHEIMNIS UNSERES LEBENS   ALLE: SEI BEI UNS, GOTT*.
TROST UND SEHNSUCHT UNSERES LEBENS
QUELLE UND MÜNDUNG UNSERES LEBENS

Es sollte sich herausstellen – vielleicht ahnte ich es schon –, dass
ich der göttlichen Kraft im kommenden »Jahrsiebt« ganz besonders bedurfte. Übrigens nahm der Kantor die Lebenslitanei mit in
seine Gemeinde, wo sie ein paar Wochen später in der Osternacht
gesungen wurde – an der Stelle der Allerheiligenlitanei. Später kamen mir zwei weitere Bitten in den Sinn, die sowohl in die Osternacht als auch in meinen weiteren Lebensweg gut gepasst hätten:
In unsere Lebenswunden – lass strömen deine Kraft! Und ab-
schließend: In unsere Liebe zum Leben – lass strömen deine Kraft!

Kapitel 24
Ein Keller unter dem Keller

Zu meinen Nächten gehören helle und dunkle Träume, Träume in bunt, grau in grau, klar und verworren, beglückend, irritierend, stärkend oder klärend. In manchen Phasen meines Lebens waren es zahllose Albträume, die mich nachts heimsuchten. Oft mit immer denselben oder verwandten Motiven.

Irrfahrten mit dem Auto, stundenlang komme ich nicht ans Ziel. Steinschlag von allen Seiten, am heftigsten von unten. Dramatische Gewitterszenen. Der Boden bricht ein. Dunkle Gestalten verfolgen mich. Entwenden den Schlüssel zu meinem Auto, zu meinem Zuhause. Mir werden unlösbare Aufgaben gestellt, ich versuche und versuche – es gelingt einfach nicht.

Ein weiteres häufiges Motiv: finstere Keller, in denen ebenso finstere Wesen sich aufhalten. Eines Nachts befinde ich mich wieder in solch einem Keller. Diesmal entdecke ich eine fragile Treppe, die noch weiter nach unten führt. Sie ist sehr steil und gewendelt, einige Tritte scheinen zu fehlen. Ich frage mich noch, ob ich hinabgehen kann, da kommt nun ein Mann und führt mich. Schon bin ich unten – in einem zweiten Keller, einem Keller unter dem Keller. Es ist ein fensterloser Raum, ein Schutzraum, ein absolut sicherer Ort. Zugleich ist er taghell, das Licht freundlich. In der Mitte eine lange Tafel, um sie herum Menschen, auch sie freundlich und hell. Sie heißen mich willkommen.

Ein Keller unter dem Keller. Tiefe unter der Tiefe. Unter allem Trauma, unter einer schmerzlichen Prägung liegt noch eine andere, tiefere Wirklichkeit. Unzerstörbares, Heiles, Gesundes. Vor allem Anfang, hinter allem Anfang, als aller Anfang: ein großes Willkommen. Hell und freundlich. Von dort kommen wir. Unter und hinter der tiefen Dunkelheit köstliches Licht. »Das Licht leuchtet in der Finsternis« (Johannesevangelium 1,5). Es hebt die Finsternis nicht auf, es umfasst sie. Das Ungeheure, es bleibt bestehen. Vielleicht ist das die Fülle des Lebens. Unter allem Verwundeten – ein unverwundbarer Ort. Raum unantastbarer Würde. Unversehrt im Kern. Göttliche Liebe. Von hier aus kann Kraft strömen, kann das Ja zu meinem

Leben erwachsen. Kann ich vertrauen lernen. »Die Seele mir bringt er [und sie] zurück« (Psalm 23,3 – übersetzt von Martin Buber).

Trauma – vielleicht lässt gerade diese Erfahrung das Licht in Menschen erscheinen, nicht obwohl, sondern weil sie dem Schrecken begegnet sind.

Ein Keller unter dem Keller. »Zuflucht noch hinter der Zuflucht« (Reiner Kunze). Licht vom Licht.

Teil III
Ins Licht treten –
Ich bin da

Intro

Die Wahrheit wird euch befreien.
Johannesevangelium 8,32

***

Wir wollen als LGBTIQ+ Personen
in der Kirche
ohne Angst
offen leben und arbeiten können.
#OutInChurch – Für eine Kirche ohne Angst,
die erste der sieben Forderungen an die römisch-katholische Kirche

***

Lebensentwürfe und Lebenserfahrungen queerer Menschen
sind vielfältige Erkenntnisorte des Glaubens
und Fundstellen göttlichen Wirkens.
Wir sind überzeugt und wir erleben, dass unsere Vielfalt
die Kirche reicher, schöpferischer, menschenfreundlicher und
lebendiger macht.
#OutInChurch – Für eine Kirche ohne Angst,
aus dem Manifest

Kapitel 25
Eine Initiative wird geboren

Als Monika zur Tür hineinkommt, wasche ich gerade Salat. »Marie, es gibt Neuigkeiten!« Meine Liebste ist gut vernetzt und hat es gleich von mehreren Seiten erfahren. Die Nachricht verbreitet sich im Schneeballsystem, über Einzelkontakte, über Kolleg:innenkreise und Social-Media-Kanäle. »Es geht um eine Aktion für uns queer und katholisch, beruflich katholisch. Damit sich was ändert!« Sie reicht mir ihr Handy. Ich trockne meine Hände und lese.

Vorbild der neuen Idee ist die Initiative #ActOut, bei der sich kurz zuvor – es war am 5. Februar 2021 – 185 queere Schauspieler:innen im Magazin der Süddeutschen Zeitung geoutet haben. Ihr Ziel: eine größere Akzeptanz queerer Personen in der deutschsprachigen Theater-, Film- und Fernsehbranche. »Das brauchen wir in der katholischen Kirche auch«, denkt Jens, der im Generalvikariat des Erzbistums Hamburg arbeitet, und er initiiert gemeinsam mit Bernd, einem Priester aus Hamm, noch im selben Monat ein Online-Treffen. Wir wollen Akzeptanz für queere Menschen in der katholischen Kirche. Wir planen eine Aktion.

Es muss noch vertraulich, geheim bleiben. Geheimhaltung, darin sind wir alle Expert:innen.

Wir wollen die Diskriminierung offenlegen und gemeinsam ein öffentliches Outing vorbereiten – die Größe unserer Gruppe als Schutz für die Einzelnen. So die Hoffnung, so der Plan.

Unser erstes Zoomtreffen. Wir kommen aus unterschiedlichen Berufen, unterschiedlichen Bistümern, sind jünger und älter, manche offen lebend oder teilweise geoutet, zahlreiche gar nicht – eine bunte Mischung. Trotz aller Buntheit – bei den ersten Zoomtreffen bleiben viele Kacheln schwarz. Keine Gesichter, keine Klarnamen. So ist das für queere Mitarbeitende in der Kirche, die Angst ist riesengroß, selbst hier im geschützten Rahmen.

Wir nennen unsere Initiative #OutInChurch. Ganz wichtig ist uns der Untertitel: Für eine Kirche ohne Angst.

Es ist Angst, die uns verbindet. Wir alle kennen sie. Unser Ziel: Die Angst muss aufhören.

Wir brauchen eine Strategie. Wir brauchen Öffentlichkeit. Wir ent-
werfen und verwerfen.

Zwei von uns haben Kontakt zu Hajo Seppelt. Der renommierte
Investigativjournalist recherchierte schon vor fast zehn Jahren zur
Situation homosexueller Katholiken. Er plante eine Dokumentation, in der es vor allem um schwule Priester gehen sollte. Lange
stagnierte das Vorhaben, weil die Menschen, auf die er traf, nicht
bereit waren, vor die Kamera zu treten. Die Angst. Das Projekt
ruhte. Später nahm er es wieder auf, knüpfte neue Kontakte, die
beiden aus unserem Kreis haben davon erfahren. Nun arbeitet
Hajo erneut an einer Filmidee, gemeinsam mit einer Kollegin. Sollten unser Anliegen und die Pläne des Journalisten irgendwie zu-
sammenpassen?

Nicht auf Anhieb – doch es bahnt sich ein Weg.

Kairos, der richtige Zeitpunkt – als ob eine Tür sich öffnen ließ, die
vorher verriegelt war. Wir spürten es: »jetzt« und »hier«. Und: »wir«.
Die Stimme erheben. Zeigen, dass wir da sind.

Kapitel 26
Kirchlich-queere Lebensgeschichten

Im Juni lernen wir Katharina Kühn kennen, Hajo Seppelts Kollegin. Wir treffen sie in Osnabrück. In diesem Sommer reist sie durch Deutschland. Von Berlin bis nahe an die holländische Grenze. Von der Ostsee bis zum Schwarzwald. Sie begegnet queeren Menschen, die beruflich oder auch ehrenamtlich in der katholischen Kirche arbeiten, und möchte deren Situation kennen und verstehen lernen. Sie führt Hintergrundgespräche, wie es in der journalistischen Fachsprache heißt. Unzählige Geschichten hört sie, fragt nach, hört hin, fühlt sich ein, fragt nochmals. Kommunikationsgeschult, klug, empathisch. Mit ihrer akkuraten Handschrift macht sie Notizen, seitenweise, blöckeweise. Innerhalb der Kirche bin ich noch niemandem begegnet, der oder die unseren Geschichten eine solche Aufmerksamkeit schenkte. Die Treffen an zahlreichen Stationen finden privat statt, zu viert, zu fünft, zu sechst. Aber längst nicht alle Menschen, mit denen Katharina Kühn spricht, werden bereit sein, vor die Kamera zu gehen. Bei manchen ist die Angst so groß, dass sie nicht einmal anonymisiert in Erscheinung zu treten wagen. Für Katharina Kühns Arbeit ist es erhellend, auch von ihnen zu hören.

Katharina trifft Priester, Religionslehrkräfte, Seelsorgerinnen, Pflegende und Ärztinnen. Ehrenamtliche Kirchenchor-Sänger:innen. Sozialpädagogen, Erzieher:innen, Hochschullehrende, Verwaltungskräfte. Küster. Kirchenmusiker:innen. Wir alle sind Menschen, die nicht der Heteronormativität entsprechen. LGBTIQ+. Lesbische, schwule, bisexuelle Menschen, Trans:- und Inter:Menschen – nonbinär, andere mehr, queer halt. LGBTIQ+. (Bis mir dieses Kurzwort flüssig über die Lippen kommt, muss ich eine Weile üben. Und auch in der Sache habe ich Lernbedarf: Das »Plus« steht für weitere Identitäten und Ausdifferenzierungen).

An diesem Sommernachmittag in Osnabrück höre ich meine Partnerin davon erzählen, wie an ihrer Dienststelle – im Beisein eines

Rechtsanwalts, also in einer Zwei-gegen-eins-Konstellation – offiziell geprüft wurde, ob ihr Privatleben, ihr Leben mit mir, ein »öffentliches Ärgernis« sei. Trotz aller Vorsicht war Monika in diese Situation geraten. Eine ihr unterstellte Mitarbeiterin hatte Kenntnis von ihrem Privatleben erhalten. Im Rahmen einer arbeitsrechtlichen Auseinandersetzung mit ihr war Monika erpressbar geworden und hatte sich bei ihrem Chef geoutet. Monika erinnert sich daran, wie ihr gesagt wurde, man sei momentan mit ihrer Arbeit sehr zufrieden. Sie hörte zwischen den Zeilen, dass sich das ja ändern könne und man dann unmittelbar einen Grund zu einer Kündigung habe. Auch wurde sie ermahnt, weiterhin über ihr Privatleben zu schweigen. Ihre eigene sexuelle Orientierung dürfe sich in Bewerbungsverfahren keinesfalls in einer Auswahl homosexueller Bewerber niederschlagen. Von einer früheren Arbeitsstelle berichtet sie, wie Vorgesetzte etwas von ihrer persönlichen Lebensführung vermuteten und ihr in einer Konfliktsituation zu verstehen gaben, sie könne froh sein, dort überhaupt arbeiten zu dürfen ...

Das, was ich in einem langen gemeinsamen Leben an Monikas Seite miterlebt, mit ausgehalten habe, erscheint hier wie im Zeitraffer. Ihre Schilderungen gehen mir unter die Haut. Ich weiß um ihre Verletzungsgeschichte als lesbische Frau und auch als feministische Theologin in der Kirche. Sie hätte Katharina noch weit mehr zu berichten.

Es war ein riesiger Unterschied: ihre berufliche Welt – meine berufliche Welt ...! Die Kolleg:innen und Verantwortlichen hier – die Kolleg:innen und Verantwortlichen dort ...

Für mich sei die Bedrängnis »gefühlt« erst im Laufe der Jahre größer geworden, erzählte ich Katharina, und sie habe ihren höchsten Peak erreicht, als ich schon nicht mehr im Berufsleben stand. Ich sehnte mich danach, endlich sichtbar zu sein, sehnte mich nach Eindeutigkeit, nach einem offenen Leben. Doch immer noch gab es die Angst. Was wird mir und uns geschehen, wenn unsere Beziehung offiziell wird? Wenn ich den Schwebezustand auflöse, der mir all die Jahre Schutz versprochen hat?

Kapitel 27

Aufs Standesamt?

»Können wir jetzt heiraten?« Diese Frage treibt uns um. Wir haben schwule Freunde und lesbische Freundinnen, die schon vor längerer Zeit ihre Lebenspartnerschaft eintragen ließen, jetzt verheiratet sind. Dass eine offizielle Besiegelung unserer Partnerschaft während unserer Berufstätigkeit nicht möglich war, verstand sich für uns von selbst. Und nun?

Von Monikas Seite ist alles klar. Sie ist Rentnerin, es gibt keine Verflechtungen mehr mit ihrem kirchlichen Arbeitgeber. Meine Situation ist komplexer. Ich bin nicht Landesbeamtin, sondern stehe bei meinem kirchlichen Schulträger in einem Arbeitsverhältnis, das einem Beamtenverhältnis gleicht. Vom Schulträger erhalte ich auch meine Pension. Mir war zu Ohren gekommen, dass meine kirchliche Loyalitätsverpflichtung auch im Ruhestand gelte. Dass es sonst Probleme mit der Pension geben könne. Wie das? Ein befreundeter Theologe, bewandert im kirchlichen Arbeitsrecht, erklärt uns: »Wenn Marie als ehemalige Religionslehrerin an einer katholischen Schule jetzt gegen die Grundsätze der kirchlichen Glaubens- und Sittenlehre der Kirche verstößt – besiegelt und dokumentiert durch eine gleichgeschlechtliche Ehe –, dann erscheint ihr Dienst in der Kirche im Nachhinein als unglaubwürdig.« Kopfschütteln bei Monika. Unser Freund fährt fort: »Dahinter steht folgende Logik: Die Amtskirche sieht durch einen solchen schwerwiegenden Loyalitätsverstoß ihre eigene Glaubwürdigkeit beschädigt.« Pause. Alle drei denken wir wohl das gleiche. Steht die Glaubwürdigkeit der Kirche nicht eigentlich aus ganz anderen Gründen infrage?

»Nun, um ihre Glaubwürdigkeit wieder herzustellen, kann die Kirche Maßnahmen ergreifen. Im aktiven Dienst wären das zum Beispiel ein Entzug der *Missio canonica* oder eine Kündigung. Und in deinem Fall, Marie, könnten tatsächlich Pensionsansprüche aberkannt werden.« Aha. »Im Einzelnen kenne ich mich aber nicht aus.«

Wer aber könnte sich im Einzelnen auskennen? Wie konnte ich mich informieren, ohne mich durch ein Outing bereits zu gefährden? Wem konnte ich vertrauen? Wie konnte ich Kontakt herstellen? Verschiedene Interessenvertretungen und andere Stellen außerhalb der Kirche, Mitarbeitende im Bischöflichen Generalvikariat, mit denen Bekannte vertraulich Kontakt aufnahmen, sie gaben mir Hinweise, aber keine abgesicherte Antwort. Anscheinend vermochte niemand meinen »Spezialfall« rechtlich eindeutig zu beurteilen. Ich erhielt unvollständige und widersprüchliche Einschätzungen. Natürlich überschreite man mit einer gleichgeschlechtlichen Zivilehe die rote Linie, hieß es. Auch noch im Ruhestand? Ja, ich sei doch rechtlich weiter an den kirchlichen Arbeitgeber gebunden. Nein, das könne »gar nicht sein«. An anderer Stelle erfuhr ich lediglich, dass staatliche Gerichte inzwischen weniger kirchenfreundlich entschieden. Für mich war das ein schwacher Trost; denn ich brauchte meine Kraft für anderes als für eine gerichtliche Auseinandersetzung. Schon jetzt merkte ich, wie die ganze Angelegenheit mir zusetzte. Ich arbeitete mich vor. Jemand vermittelte mir einen Kontakt in die kirchliche Rechtsabteilung. Aber auch hier war man nicht in der Lage – oder nicht willens –, mir eine rechtssichere Auskunft zu geben. Man riet mir weiterhin zur Vorsicht.

Wieder und wieder erwog ich, mich direkt an die Verantwortlichen meiner Schule zu wenden, mit denen mich ein gutes Verhältnis verband. Dagegen sprach vor allem: Würde mir *hier* gesagt werden, dass eine Heirat nicht möglich sei, dann käme für mich, aus Gründen echter Loyalität, die letzte Möglichkeit nicht mehr in Betracht, nämlich die einer »heimlichen« Heirat mit Beantragung eines Sperrvermerks bei den Behörden. (Später sollte bei mir die Frage aufkommen, ob meine vermeintlich echte Loyalität nicht vielmehr eine Überloyalität war.)
Wieder war es ein Ringen. Meine und unsere Situation war wie ein Jonglieren mit drei Bällen – und mindestens einer fiel immer herunter. Wir wollten verheiratet sein. Wir wollten offen leben – keinesfalls noch länger Heimlichkeit. Wir wollten Sicherheit – nicht meine Pension aufs Spiel setzen. Es passte einfach alles nicht zusammen. Es war eine Entscheidung für uns beide, und es war an mir,

sie zu treffen. Im Frühjahr 2020 rang ich mich schließlich zu einem Verzicht auf die Offenheit durch, den ja auch Monika würde mittragen müssen.

Wir entschieden uns zu heiraten. Im Geheimen. Ohne ein Nihil obstat. Ich rief im Standesamt an: »Ich möchte Sie in einer Angelegenheit sprechen, die äußerste Diskretion erfordert. Sind Sie allein in Ihrem Büro?« Dieses ständige Auf-der-Hut-Sein! Dann die Information: »Wir nehmen zunächst keine Trauungen mehr an. Wir wissen gar nicht, ob wir das Standesamt offenhalten können.« Es war zu Beginn der Coronazeit. Wir seien seit 39 Jahren zusammen und hätten erst jetzt die Möglichkeit zu heiraten, bestürmte ich die Standesbeamtin, nun solle es sehr schnell gehen. Sie werde alles noch einmal amtsintern besprechen und mir dann Bescheid geben. Und nein, von solch einem Fall habe sie noch nie gehört, ich solle die juristische Begründung für die Beantragung einer Auskunftssperre gern schicken. Es waren vier Seiten, akribisch ausgearbeitet, so wie vom Lesben- und Schwulenverband Deutschland (LSVD) empfohlen. Wir telefonierten ein paarmal hin und her, der Sperrvermerk wurde eingetragen, und wir bekamen kurzfristig einen Termin für die Trauung. Ein paar Tage später heirateten wir, zu zweit mit der Standesbeamtin in einem großen Trauzimmer. Da wir aus eigener Erfahrung wussten, welche Bürde es sein kann, ein Geheimnis zu hüten, hatten wir beschlossen, niemandem von unserer Heirat zu erzählen.

Wie allen frisch getrauten Paaren schenkte die Stadt auch uns ein Kochbuch. Es war mit namentlicher Anrede und Datum ein Glückwunsch zur Eheschließung eingeklebt. Wir trennten die Seite heraus. Nicht etwa, weil uns die grafische Darstellung eines klassischen Brautpaares missfallen hätte, eine Frau im langen weißen Kleid, ein Mann im schwarzen Anzug. Sondern, weil man ja nie wissen konnte, wer das Buch später einmal zur Hand nehmen würde – dumme Zufälle nicht auszuschließen!

Angst selbst noch im Ruhestand! In der TV-Recherche der Journalistin eine neue Seite des Themas und auch in ihrem Schreibblock mit der sorgfältigen Handschrift.

Kapitel 28

Vor der Kamera

Ein paar Wochen später meldet sich die Journalistin Katharina telefonisch bei mir. Sie hat eine sachliche Nachfrage. Am Ende spricht sie die Suche nach Haupt-Protagonist:innen an. Einige Geschichten sollen ausführlicher erzählt werden. »Wir sind in ersten Überlegungen.« Von Monikas Bereitschaft, sich dafür zur Verfügung zu stellen, weiß Katharina schon. »Wie sehen Sie das für sich?« Ich zögere, bin unsicher, ob ich genug Kraft habe. Ich tendiere zum Nein. Katharina erklärt mir: »Fürs Fernsehen denken wir ja in Bildern – daher wäre es schön, wenn Sie beide zu sehen wären, als Paar. Ihre Erfahrungen sind sehr interessant. Überlegen Sie in aller Freiheit.«
In den nächsten Tagen geschieht viel. Im Außen und im Innen. Als ob ich geschoben und gezogen werde, geführt. Ich weiß, dass ich etwas zu sagen habe. Von mir selbst. Stellvertretend. Für uns alle. Für die Jungen. Gegen die Angst.
Von Anfang an ging es für mich bei #OutInChurch um Kirchenpolitisches und um Persönliches und um Spirituelles. Es ging um meine Wahrheit – wie Gott mich schuf.
Kairos, der richtige Zeitpunkt, war gekommen – als ob eine Tür sich öffnen ließ, die vorher verriegelt war. Ich spürte es: »jetzt« und »hier«. Wir alle. Und: »ich«. Einstehen für die Wahrheit. Zeigen, wer ich bin.

$$***$$

Ab dem Herbst reist Katharina noch einmal durch Deutschland, jetzt mit einem Kameramann. Wieder treffen sich kleine Grüppchen in Privatwohnungen. Nach und nach werden von allen Mitwirkenden – es sind zu diesem Zeitpunkt um die hundert – Einzelvideos gedreht, kleine *Testimonials*, aus denen später Ausschnitte für die Dokumentation zusammengesetzt werden. Katharina hat Zeitpläne erstellt. Monika und mich erwartet sie an einem Sonntagnachmittag in Münster.
Die beiden gastgebenden Männer empfangen uns fröhlich. Vom Flur ihrer Wohnung aus sehen wir, wie in einem geräumigen Zimmer

eine grüne Leinwand eingerollt wird. Katharina schaut uns an und sagt: »Für Sie würde ich gerne einen Hintergrund in Orange nehmen, ich denke, das passt gut.«

Nach einer Einweisung geht es los. Wir sitzen nebeneinander auf zwei Stühlen, Kabel unter dem T-Shirt, ein Mikrofon am Halsausschnitt. Die erste Frage an Monika lautet, warum sie bei #OutInChurch mitmacht. »Weil ich sehr unter der Verheimlichung in meinem Beruf gelitten habe.« Mit festem Blick schaut sie in die Kamera: »Ich finde, das ist ein Stück menschenverachtend.« Das ist Monika, so spricht sie, benennt sie die Dinge unmissverständlich. »Und ich möchte«, dicht neben ihr spüre ich das Vibrieren in ihrem Körper und in ihrer Stimme, »dass das aufhört«. Das ist Monikas deutliche Botschaft, der es nichts mehr hinzuzufügen gibt. In den Augen tiefer Schmerz, die Stimme wird weicher, doch sie bricht nicht. Monika selbst ist innerlich bewegt und gleichzeitig innerlich fest, während sie spricht. An ihrer Botschaft gibt es keinen Zweifel.

***

Einige Wochen später, ein Montagmorgen im November: wieder vor der Kamera. Diesmal bei uns zu Hause. Ein vierköpfiges Filmteam reist an, mit viel Equipment. Für zwei Drehtage.

Wir sind für zehn Uhr verabredet. Eine Viertelstunde zuvor kommen zwei Autos an. Ich gehe zur Haustür. Unsere Besucher:innen sind noch nicht die drei Stufen heraufgekommen, sie warten im Abstand. Der Regisseur begrüßt mich: »Wir sind etwas zu früh – wenn Sie noch nicht so weit sind, warten wir gerne draußen.« In diesem Moment weiß ich: Mit diesen respektvollen Menschen werde ich mich wohlfühlen. Wir bitten sie herein.

Es dauert eine Dreiviertelstunde, bis Tontechniker und Kameramann unser Wohnzimmer zum Studio umgestaltet haben. Währenddessen sitzen wir mit Katharina und dem Regisseur in der Küche. Sie plaudern mit uns, stellen die ersten thematischen Fragen – wir können uns warm reden. Dann das große Interview, über zwei Stunden lang.

Monika erzählt von der Beerdigung ihres Vaters. An diesem traurigen Tag musste sie auf meine Nähe verzichten, so schildert sie es. Dass ich weder im Gottesdienst neben ihr sitzen noch am Grab an ihrer Seite sein durfte. Denn auch ihr Chef war zu diesem Begräbnis gekommen. Er hätte uns nicht als Paar wahrnehmen dürfen. Auch für mich war es eine sehr schlimme Situation: »Ich habe es als entwürdigend erlebt.« Während ich diesen Satz ausspreche, fühle ich erneut den alten Schmerz: Unsere Partnerschaft durfte nicht da sein, nicht wahr sein.

Am Nachmittag dieses ersten Drehtages treffen wir Thomas Schüller, Professor für Kirchenrecht. Das Filmteam sowie Monika und ich. Das Universitätsgebäude, in dem sich sein Büro befindet, und das Bischofshaus liegen in unmittelbarer Nachbarschaft. Thomas Schüller weist uns darauf hin, dass man durch das Fenster aus großer Höhe tief in den bischöflichen Garten blicke. Ich erhoffe mir von dem Gespräch ebenso tiefe Einblicke in meine rechtliche Situation.

Es geht um meine Sorge um die Pension, um die Frage, ob ich meine Heirat weiter geheim halten muss. Thomas Schüller kann mich beruhigen – in der Phase des Ruhestandes hat die Kirche keine Sanktionsmöglichkeiten mehr. Ich bin enorm erleichtert. Zugleich bin ich sehr traurig, dass ich – unnötigerweise – jahrelang in dieser Angst gelebt habe.

Der Kirchenrechtler trifft noch eine weitere Aussage: »Das kommt von der obersten Spitze, das kommt von den bischöflichen Verwaltungen, von den Rechtsabteilungen ... Man hat mit Ihrer Angst gespielt.« Den letzten Satz wiederholt er. »Man hat mit Ihrer Angst gespielt.« Sein Fazit: »Und das ist eigentlich das Perfide an der kirchlichen Taktik. Das ist der eigentliche Skandal.«

Erst zwei, drei Tage später, nach den Dreharbeiten, kann ich diesem Teil des Gesprächs genauer nachspüren. Wenn das stimmt! Ja, genau so hat es sich angefühlt im Gespräch mit der Kontaktperson aus der Rechtsabteilung. Sie wollte mir gar nicht weiterhelfen! Ich bin schockiert. Ich bin sprachlos. Ich werde wütend.

Es ist, als ob mir an jenem Nachmittag ein hochprozentiger Cocktail serviert wurde, ein bittersüßer Mix, mit dem mein Magen nur schlecht zurechtkommt.

Kapitel 29
Ein Brief ans Kloster

Nach dem Dreh fühle ich mich zufrieden und sehr erfüllt. Aber in den Tagen danach meldet sich die innere Kritikerin: Dies und jenes hättest du viel besser ausdrücken sollen. Und inhaltlich hast du es mehrfach gar nicht genau getroffen. Hoffentlich kommst du insgesamt so rüber, wie du verstanden werden möchtest. Und dann macht mir zu schaffen, dass wir vor der Ausstrahlung der Dokumentation nicht erfahren werden, welche Mini-Ausschnitte aus den zwei Tagen zu einer Sequenz von rund sieben Minuten zusammengeschnitten werden. Keine Abnahme, kein Preview. Auch Titel und Sendetermin stehen noch nicht fest. Es bleibt spannend.

Im Dezember soll an meiner Schule wieder eine Kollegiumsfeier stattfinden. Auch »Ehemalige« wie ich sind dazu eingeladen. Ich freue mich riesig darauf, dort meine Freude teilen zu können, dass ich inzwischen verheiratet bin – und dass ich es jetzt frei heraus erzählen kann, ohne Angst vor Konsequenzen. Der festliche Abend könnte vielleicht auch eine gute Gelegenheit bieten, den Verantwortlichen kurz von meiner Mitwirkung an einer Dokumentation zu berichten, die im neuen Jahr gesendet werde. Doch die Pandemie macht uns einen Strich durch die Rechnung, der gemeinsame Abend fällt aus. So schicke ich der gegenwärtigen Schulleiterin und meiner früheren Chefin als Repräsentantin des Klosters Briefe, in denen ich von meiner Beteiligung an einem Film schreibe, gepaart mit Weihnachtsgrüßen. Beide kenne ich gut, wir sind auch nach meinem Ausscheiden weiterhin in Kontakt. Es ist mir wichtig, dass sie von der Dokumentation Kenntnis haben, in der indirekt die Schule vorkommen wird. Auch für den Fall, dass sie auf die Sendung angesprochen werden, sollen sie Bescheid wissen.
Meiner früheren Schulleiterin zu schreiben, der Ordensfrau, kostet mich zunächst Überwindung. In einem tiefen Herzenswinkel fühle ich mich noch immer an unsere unausgesprochen getroffene Sprachregelung gebunden: »Wir nennen die Dinge nicht beim Namen.« Mir kommt es – nach all den Jahren immer noch – so vor,

als breche ich ein Tabu. Nun, sei's drum! Ich muss dringend runter von dieser traumatischen Spur! Ich *spreche* sie zwar noch immer nicht aus, aber ich *schreibe* sie, die Begriffe »gleichgeschlechtlich«, »queer«, »lesbisch«, »divers«, »Paar«, »Partnerschaft«, »Heirat«. Das kleine Abenteuer tut mir gut. Ich bin im Flow. Und dann noch »Loyalitätsverstoß«, »im Geheimen«, »ohne ein Nihil obstat«! Ich formuliere meine große Freude und Erleichterung darüber, dass ich meine Partnerschaft inzwischen offen leben kann und auch geheiratet habe. Und ich schildere meine Motivation für die Mitwirkung an der Dokumentation. Die Vision von einer Kirche ohne Angst. Als ich diesen Brief in den Kasten einwerfe, denke ich: Nun kann es Weihnachten werden!

PS: Zu Neujahr erreicht mich eine Antwort aus dem Kloster, die mein Herz erwärmt. Von meiner ehemaligen Chefin. Später kommt Post aus der Schule. Auch von deren Leiterin ganz große Solidarität. Starker Rückenwind!

Kapitel 30
Der große Tag

Im Januar steigt in unserem Netzwerk #OutInChurch die Spannung. Auch bei mir, bei Monika. Es gibt jetzt einen Sendetermin, den 24. Januar 2022, 22:50 Uhr. So spät? Auch ein Titel steht fest: »Wie Gott uns schuf«. Der Untertitel wird noch nicht veröffentlicht, ist auch uns nicht bekannt. Die ARD gibt auch keinerlei Details zum Inhalt heraus. »Wie Gott uns schuf« – das könnte auch ein Beitrag zum Thema Nacktheit sein. Alles soll bis zum Schluss offenbleiben, quasi mit *einem* Paukenschlag in die Welt kommen. Nur dann wird es seine große Wucht entfalten können, sagt Hajo Seppelt. Er hofft weiter auf einen früheren Sendeplatz. Am besten 20:15 Uhr. Das ist doch völlig unrealistisch, denke ich. Dieser Hajo ...

Im Netzwerk gehen unsere Vorbereitungen weiter. An den Inhalten und an unser eigenen Homepage. Ihr Kern: das Manifest, mit dem wir unsere Anliegen und Ziele ausführlich erklären. Jens hatte schon zu Beginn einen Rohentwurf erarbeitet. In mehreren Zoomsitzungen haben wir diesen gemeinsam weiterentwickelt und über jede Formulierung abgestimmt. Dazu die sieben Kernforderungen sowie unsere 125 Fotos und Selbstaussagen. Bis dahin schon einmal die Ankündigung »*coming soon*«.
Knisternde Anspannung. Besonders für diejenigen in unserer Gruppe, die, anders als Monika und mittlerweile auch ich, mit ihrem Coming-out vieles riskieren. Wie werden die Bischöfe reagieren? Auf unsere Aktion insgesamt? Auf einzelne Mitwirkende? Wird es zu Kündigungen kommen? Über mögliche Formen der Solidarität in solchen Fällen haben wir bereits miteinander beraten.
Mitte Januar kommt die Anfrage des RBB, ob wir beide am 19. Januar an der Pressekonferenz teilnehmen können, bei der der Sender den Film vorstellen wird. In Berlin. Da die Journalist:innen, auf die wir treffen werden, den Film zu diesem Zeitpunkt schon kennen, wird er auch uns eine Woche vor dem Sendetermin vorab gezeigt. In einer Zoomkonferenz. Monika und ich sitzen dicht nebeneinander

vor dem Monitor. Katharina begrüßt uns, und los geht's. Auch wenn es bei der Übertragung stellenweise Bild- und Tonstörungen gibt, die mich irritieren, auch wenn ich vor lauter Aufregung nicht alle Details erfasse: Der Film ist großartig! Wir sind da! Wir brechen das Schweigen! Zeigen unsere Gesichter! Wie Gott* uns schuf.

Durch unsere Teilnahme an der Pressekonferenz beginnt die heiße Phase schon, bevor der Film ausgestrahlt wird. Die ersten Interviews geben wir bereits in Berlin, zu Hause geht es weiter. Am 24. Januar, 0:00 Uhr, endet die Sperrfrist für die Presse, zum selben Zeitpunkt wird unsere Homepage #OutInChurch freigeschaltet. Ab 6:00 Uhr morgens ist auch die Dokumentation in der ARD-Mediathek verfügbar. Während ich sie anschaue – Monika ist zu dem Zeitpunkt schon mit der Pflege ihrer Mutter beschäftigt –, melden sich auf allen Kanälen wieder Journalist:innen. Der WDR möchte zu einem Dreh für die abendliche Lokalzeit vorbeikommen, die dpa einen Fotografen schicken, wir sollen schon einmal Örtlichkeiten vor einer Kirche und in einer Kirche aussuchen ... Der Fotograf kommt deutlich vor der vereinbarten Zeit, das macht mir Stress; den ganzen Tag über folgt eine Interview-Anfrage der nächsten – die Entwicklungen überschlagen sich. Erst am Abend werden wir dazu kommen, »unsere« Dokumentation zu sehen, während sie regulär ausgestrahlt wird. Tatsächlich wurde sie kurzfristig vorverlegt – auf 20:30 Uhr, wow! Beste Sendezeit! Hajo sollte Recht behalten! Da sitze ich nun mit Monika, rundum erschöpft, vor dem Fernsehgerät und kann gar nicht mehr alles aufnehmen. Was mich aber am Ende dieses turbulenten Tages noch erreicht: In den sieben Minuten über uns beide ist deutlich zu erkennen, wie sehr unsere Herzen füreinander schlagen! *Oh Happy Day!*

Kapitel 31
Medienrummel

Die erste Woche, die ersten 14 Tage nach dem Film waren wie ein Rausch. Im Garten kamen die Schneeglöckchen aus der Erde und bildeten nach und nach einen weißen Blütenteppich – sie waren das Einzige, das ich außer »#OutInChurch« noch wahrnahm. Es war eine dieser Phasen im Leben, in denen so viel passiert, so viel Neues, nie Erlebtes, dass das Zeitgefühl trügt – sodass jeder einzelne Tag wie mindestens eine Woche erscheint. Alles fühlte sich unwirklich an, und ich kam innerlich gar nicht mit. So viele Nachrichten auf allen Kanälen! Mein Bruder durchforstete Social Media, ein Tweet kam tatsächlich aus New York. Persönliche Anrufe erreichten uns, lange papierene Briefe, Blumen und originelle Geschenke – ein gewaltiger *Candystorm* (diesen Begriff lernte ich neu kennen)! Und weiterhin ungezählte Interviewanfragen. Uns war nicht klar gewesen, dass viele Journalist:innen speziell auf uns beide zukommen würden.

»Liest man denn einen Arbeitsvertrag nicht vorher durch?« Diese Frage wird uns so oder ähnlich immer wieder gestellt. Wir hören den Unterton: »Dann haben Sie sich den Schlamassel, in dem Sie stecken, doch selbst zuzuschreiben! Das Problem wäre doch vermeidbar gewesen.« Es ist nicht einfach, die Paradoxien zu vermitteln, in denen wir leben und die uns manchmal selbst befremden. Für eine Kirche zu arbeiten und gleichzeitig unter ihrer Ausgrenzung und Diskriminierung zu leiden. In einer Kirche spirituelle Heimat zu erleben, ihr vieles zu verdanken – und sich gleichzeitig in ihr ängstigen und verstecken zu müssen. Ein System mitzutragen und es gleichzeitig zu kritisieren und verbessern zu wollen. Wie vermitteln wir unserem Gesprächspartner die Kategorie der Berufung? Wie für so viele andere läuft es auch für mich darauf hinaus: einen Beruf als Berufung zu verstehen, die nur im Rahmen der Kirche und ihres eigenen Arbeitsrechts ausgeübt werden kann.

Eine weitere typische Frage: »Warum sind Sie denn überhaupt noch in der katholischen Kirche, obwohl sie dort diskriminiert wer-

den?« Meine Antwort überraschte zumeist: »Wissen Sie, ich emp-
finde Ihre Frage ebenfalls als Diskriminierung. Es kann doch nicht
die Lösung des Problems sein, dass in einem diskriminierenden
System die Diskriminierten gehen sollen.« Erneute Nachfrage,
mein Versuch einer Erklärung: »Wir beanspruchen unseren Platz
in der Kirche. Wir möchten das Problem andersherum lösen. Nicht
wir müssen gehen, sondern das System muss sich ändern – dafür
setzen wir uns ein. Queere Personen müssen überall willkommen
sein, wo sie sein möchten, auch in der römisch-katholischen Kirche – das ist unser Ziel.« Monika nennt es gern: »auftreten, nicht
austreten!«

***

Es war eine merkwürdige Situation: Wir freuten uns riesig über die
Resonanz, die die Dokumentation und unsere Aktion auslösten!
Es war ja gerade unser Ziel, die Öffentlichkeit zu erreichen, sie
auf die Realität unserer Diskriminierung hinzuweisen und notwendige Debatten in der Gesellschaft und in der Kirche anzustoßen.
Nur so konnten wir etwas bewirken. Zugleich war das große Coming-out ein besonderer, auch ein spiritueller Moment in meinem
persönlichen Leben – und mir fehlte der Raum der Innerlichkeit,
um das Große, das geschah, selbst zu erspüren. Ich gab Interview
um Interview und kam ich nicht einmal zum Lesen der Artikel. Es
war zu viel, es ging zu schnell, es brachte mich aus meiner Mitte.
Nach einigen Tagen setzten Monika und ich uns zusammen und
überlegten, wie wir weiter vorgehen wollten. Monika konnte und
wollte sich gern für die weiteren Anfragen zur Verfügung stellen,
ich entschied mich, auszuwählen und zu dosieren. Zu zweit wollten
wir in den kommenden Wochen vor allem einige Veranstaltungen
im kirchlichen Raum wahrnehmen, deren Rahmen es ermöglichen
würde, unser Thema zu vertiefen und mit interessierten Menschen
nachhaltig ins Gespräch zu kommen. Daran war auch mir gelegen.

Kapitel 32
Den Film anschauen –
wie ein Gebet

»Monika, lass uns heute Abend mal ganz in Ruhe gemeinsam den Film anschauen«, schlage ich irgendwann im Laufe dieser wirbelnden Woche vor. Und dann tauchen sie vor mir auf, eine nach der anderen, all die Personen, mit denen wir gemeinsam mehr als ein Jahr lang unser großes Coming-out vorbereitet haben. Stärker noch als in all den Zoom-Meetings spüre ich im Betrachten der Dokumentation unsere Verbundenheit in der Vielfalt. Die Einzelpersönlichkeit tritt hervor. Ihr Gesicht taucht auf, vor farbigem Hintergrund, die Stimme wird hörbar, markante Aussagen stehen im Raum – und dann wird das Bild wieder an seinen Platz im großen bunten Mosaik eingefügt; das Individuum ist eingebettet in unsere Weg- und Erzählgemeinschaft, die solidarisch ist und stark. So sind das »Ich« und das »Wir« in gleicher Weise bildlich präsent. Wir sind da, mit großer Wucht, und wir zeigen uns mutig mit unserer Stärke und unseren Verwundungen. Mit unserem Glauben, mit unserer Liebe. Und voller Hoffnung.

Im Anschluss sprechen wir miteinander. Monika ist sehr betroffen. »Erst jetzt«, sagt sie, »im Spiegel all dieser Menschen, erkenne ich in der Tiefe mein eigenes Leid.« Mir geht es ähnlich. Zudem öffnen mich die vielen persönlichen Zeugnisse und das filmische Gesamtkunstwerk dafür, systemisch-kirchliche Zusammenhänge mit größerer Deutlichkeit zu erkennen und zu benennen als zuvor. Was mir besonders nahegeht, sind die zahlreichen jungen Queers. Vor allem in Solidarität mit ihnen haben Monika und ich uns für die Dokumentation zur Verfügung gestellt. Auch bei ihnen, auch heute noch so großes Leid. Bis hin zu Suizidgedanken und Suizidversuchen! Und für manche, jünger oder älter, kam unsere Initiative gewiss zu spät.

An den nächsten Abenden schauen wir, mit vielen stillen Pausen, die *Testimonials* in der Mediathek an. Jedes der Einzelvideos beginnt und endet mit ein paar Takten meditativer Musik. Die sich wiederholende Musik bildet einen Rahmen um das individuelle Zeugnis und verbindet es mit den anderen. »Es ist wie die Antiphon in einem Psalmengesang«, sagt Monika, »wie ein großes Gebet.« Ja, sage ich: »Lass strömen deine Kraft« in diese Lebensgeschichte, in dieses Leben! Und: »Das geknickte Rohr zerbricht er [und sie] nicht ...«

An einem dieser »Wie Gott uns schuf«-Abende wählen wir ausschließlich jene Videos, in denen die Personen anonymisiert erscheinen, verpixelt und mit nachgesprochener Stimme. So viel Angst, so viel Not! Was die Kirche ihnen, was sie uns antut, wie wir in ihr und durch sie geängstigt, verletzt, missachtet, entwürdigt, eines Menschenrechts beraubt werden – verleiht es uns nicht auf tiefe Weise einen eigenen Adel? Für diesen Adel kommt mir ein starker Paulus-Satz in den Sinn: »Ich trage die Leidenszeichen Jesu an meinem Leib« (Brief an die Gemeinden in Galatien 6,17). Sollte das nicht auch für uns LGBTIQ+ Personen in der katholischen Kirche wahr sein? In der uns auferlegten Unkenntlichkeit erkenne ich Jesu Wundmale an meinen Geschwistern.

Plötzlich muss ich an meinen Traum mit Schwester Johanna denken. An die beiden Boote. »Hetero Herero«, »Memoria passionis«. Die geträumten Namen erschließen sich mir noch einmal neu. Natürlich: die Passionsgeschichte homosexuell liebender Menschen, Teil unseres, auch meines Lebens! Ich erinnere mich wieder an das Eucharistieverbot für die Queergemeinde. Gleicht es nicht geradezu einer Kriminalisierung der Gemeindemitglieder? Unsere Weise zu leben wird als strafbares Verhalten verstanden, das kirchenjuristische Konsequenzen hervorruft. Ungezählte queere Leidensgeschichten ..., auch in der und durch die Kirche, die seit Jahrhunderten und bis heute Anteil hat an den Unrechtsstrukturen in dieser Welt. Der Film: eine Memoria passionis. Und damit zugleich eine Imagination zukünftiger Befreiung.

Kapitel 33

»Voll cool, so noch mal von Ihnen zu hören!«

Was mich in den ersten Tagen und Wochen – bis in das Frühjahr hinein – besonders erfüllte, waren die zahlreichen E-Mails von Menschen aus der großen Landschaft unserer Schule. Derzeitige und vormalige Verantwortliche meldeten sich. Sie zollten unserer Aktion riesigen Respekt, auch meiner persönlichen Mitwirkung. Sie teilten unser Anliegen sowie meine Freude und Erleichterung. Machten sich das Leid klar, das mit dem Versteckspiel einhergegangen war. Manche gratulierten auch zur Hochzeit. Als nach einigen Tagen am Schultor die Regenbogenfahne gehisst wurde – ehemalige Kolleg:innen schickten mir Fotos – brach bei mir zunächst tiefer Schmerz hervor, so tief, wie ich ihn nie zuvor gefühlt hatte. Ich war froh, dass ich mich auf ihn einlassen konnte – hatte ich doch inzwischen erfahren, dass ungefühlter Schmerz ungelebtes Leben ist. Dass es ein Leben vervollständigt – es »heil« werden lässt, wenn ein Mensch sich der Wirklichkeit aussetzt. Sich der ganzen Wahrheit stellt.

Plötzlich fand ich mich mitten in der Welt unserer Schule wieder! Meine ehemaligen Kolleg:innen schickten mir Nachrichten (»Rock on, Marie!«), Referendar:innen, an deren Ausbildung ich mitbeteiligt gewesen war, Eltern damaliger Schüler:innen. Und vor allem die ehemaligen Schüler:innen selbst – allein aus ihrem Kreis kamen mehr als 150 E-Mails. Zu den meisten von ihnen hatte ich keinen Kontakt mehr. Wie hatten sie alle bloß meine Mailadresse ermittelt? Die findet man nicht mit drei Mausklicks! Manche riefen an, kontaktierten mich auf kreativen Umwegen – über eine Zeitungsredaktion, über Hajo Seppelt und das ARD-Hauptstadtstudio. Sogar ein Brief, adressiert allein an meinen Namen und Wohnort, erreichte mich – in diesen Wochen waren Monika und ich auch der Post ein Begriff! »Sie sind ja jetzt das berühmteste Frauenpaar Deutschlands«, sagte eine Zustellerin. Was die ehemaligen Schüler:innen mir schickten, waren keine Kurznachrichten, sondern

ausführliche Texte mit Einleitung, Hauptteil, Schluss! Ich war beeindruckt. Sie setzten wirklich Energie ein, um mir zu schreiben.

***

Inhaltlich waren die Zuschriften so vielfältig wie die Menschen,
die sie auf den Weg schickten. Lehrerin-Sein ist ein Beziehungs-
geschehen – das spürte ich in fast jedem Satz. Zusammen mit
ihren Glückwünschen und den Schilderungen ihrer Eindrücke und
Empfindungen nach dem Anschauen der Dokumentation stell-
ten die Absender:innen mir persönliche Fragen, teilten unter-
schiedlichste Erinnerungen mit – sehr ernste und sehr lustige
–, erzählten aus ihrem Leben, gaben mir aus dem Abstand heraus Rückmeldung zum einstigen Unterricht und zu meinem Lehrerin-Sein, reflektierten über ihre Schulzeit, über Diskriminierung,
über die Kirche. Einzelne, die jetzt selbst in einem katholischen
Setting tätig waren, bedankten sich ausdrücklich auch im Namen ihrer Kolleg:innen für unser Engagement bei #OutInChurch.
Mehrere outeten sich als ebenfalls queer und vertrauten mir ihre
Lebensgeschichten an. Es war überwältigend. In mir sprudelten die
Erinnerungen, ihr Strom wollte gar nicht mehr enden. Welch riesige
bunte Blumensträuße, die mir so unerwartet geschenkt wurden!

In dieser Zeit beschäftigten mich die aufgefrischten Kontakte so
sehr, dass ich plötzlich nur noch wenig Aufmerksamkeit für die Re-
aktionen der Bischöfe und Generalvikare übrighatte. Es gab posi-
tive Ankündigungen! Zum Glück hielt Monika mich über das Wichtigste auf dem Laufenden.

Kapitel 34
Nach-Denken II

Häufig äußerten meine ehemaligen Schüler:innen ihre Verwunderung darüber, dass es selbst an unserer sehr liberalen katholischen Schule so und nicht anders gewesen war. Als mehrere sich über die Äußerung des Kirchenrechtlers schockiert zeigten, man habe mit meiner Angst gespielt, und das Ausgesagte auf unsere Schule bezogen, fühlte ich mich veranlasst, klarzustellen, dass dies in der Hierarchie »weiter oben« geschehen war.

Mir war es wichtig, möglichst alle E-Mails persönlich zu beantworten, wofür ich mehrere Wochen benötigte. Deshalb schickte ich den meisten zunächst eine mehr oder weniger standardisierte Rundmail mit der Bitte um Geduld – und mit der entsprechenden Klarstellung. Recht bald bemerkte ich, dass ich dieses Klarstellen in seelischer Hinsicht als anstrengend empfand, und ich überlegte, ob ich damit aufhören sollte. In diese Auseinandersetzung hinein meldete sich einer der Empfänger meiner Rundmail, ein Kinderpsychiater. Professionell geschult stellte er die Frage: »Warum exkulpierst du eigentlich die Schule?« Das brachte mich weiter. Ich war froh, jetzt erkennen zu können, was mich so viel Kraft kostete: die Verantwortung, die ich zum Schutz anderer meinte tragen zu müssen. Es war eine Überloyalität – und es stand an, sie loszulassen. Ich kam neu ins Nachdenken durch die Fragen, die mir gestellt wurden: »Wie war das für Sie an der Schule?« und »Wie hast du das ausgehalten?«

Das Telefongespräch mit meiner damaligen Schulleiterin fiel mir wieder ein, in dem sie mir für den Umgang mit meinem blauen Geheimnis einen nicht gefährdenden Weg aufgezeigt hatte.

Heute würde ich diesen Aus-Weg umfassender und mit größerer Deutlichkeit beschreiben: Was ich damals als ein wohlwollendes Angebot empfand, war ja ebenso eine Ansage zur Tarnung, zur Verleugnung eines Teils meiner Persönlichkeit. Er durfte nicht da sein, nicht wahr sein. Ich musste die Menschen in der Schulgemeinschaft irreführen. Durfte nicht authentisch sein. Zu meiner inneren Wirklichkeit gehörte es, dass ich all dies als selbstverständlich annahm und mich in der Tiefe doch nach der Anerkennung meiner Identität sehnte.

Einer der beiden Initiatoren der Kampagne #OutInChurch, der Priester Bernd Mönkebüscher, bezeichnet die kirchliche Praxis im Umgang mit schwul-lesbischen Lebensweisen (und Menschen!) als eine spezifische Form der »Vertuschung« einer Realität, mit der man nicht zurechtkommt. Die man nicht wahrnehmen und nicht wahr sein lassen will. Möglicherweise ließ ich diese Einsicht lange nicht wirklich an mich heran. Im Unterschied zu zahlreichen queeren Menschen wurde ich an meinem kirchlichen Arbeitsplatz ja nicht ausdrücklich beschämt. Zugleich hatte die gesamte Situation – so wie sie in ihrem (amts-)kirchlichen Kontext nun einmal war und ist: »diesen Teil von dir musst du verschweigen!« – indirekt dennoch eine beschämende Wirkung. Das ist mir erst spät klar geworden.

***

Auf der praktischen Ebene: Wenn ich mir ausmale, jemand aus der Elternschaft hätte damals gegenüber der Schulleitung einen »Verdacht« ausgesprochen: Möglicherweise hätte es zunächst eine Phase der Beschwichtigung der Eltern und des besonderen Auf-der-Hut-Seins auf meiner Seite gegeben. Ohne Frage hätten aber letztlich Sexualmoral und Arbeitsrecht der Kirche als objektive Vorgaben weit mehr Gewicht gehabt als jede subjektive Wertschätzung meiner Arbeit und Person.

Und wenn jemand meine persönliche Lebensführung gar dem Bischof zur Anzeige gebracht hätte? Unabhängig von der erwartbaren Entscheidung des Bischofs: Was wäre dann vor Ort im Schulhaus geschehen? Völlig undenkbar, dass die Verantwortlichen gesagt hätten: »Diese Lehrerin möchten wir unbedingt halten, auch mit dem Fach Katholische Religionslehre … Sie versieht ihren Dienst mit voller Hingabe. Ihre persönliche Lebensführung sehen wir dazu nicht im Widerspruch.«

Eine verbotene Liebe, sie sollte nicht offenbar werden. Das hatte ich ja schon in meiner allerersten Zeit an der Schule vernommen.

Es war eine andere Zeit damals, und ich war in einer anderen Lebensphase. Im »System« Kirche hat sich im Hinblick auf Queers bisher wenig verändert, umso stärker hat sich der Blick vieler Menschen auf das System verändert. An der gegebenen Situation habe ich lange nicht oder kaum gerührt. An der Schule erfuhr ich vieles Wertvolle, Wohltuende, durch und durch Lebendige – sie war längst Teil meiner Lebensentfaltung und Beheimatung. War das Belastende deshalb weniger schlimm, konnte ich es deshalb leichter ertragen, »gut leiden«? Ja, gewiss. Oder war es besonders schlimm, dass ich mich selbst hier, an diesem für mich so guten, ja wundervollen Ort nicht wirklich öffnen konnte? Dass selbst er mich in meinem So-Sein begrenzt hat? Dass es selbst hier notwendig war, mich zu verbiegen? Noch einmal ja. Beides trifft zu. Und dies: Hinter mir lagen ja weit schwierigere Erfahrungen, die mich schon früh im Leben zum Ertragen und Durchkommen geführt und mich gelehrt hatten, auf meine Weise mit rauen Situationen zurande zu kommen.

Kapitel 35
Der blaue Mantel

Der Strom der Anteilnahme hielt an. Über Wochen und Monate wurde ich immer wieder auf die Dokumentation angesprochen oder freundlich gegrüßt, mit einem bestimmten Blick, der ein Wiedererkennen ausdrückte. Auf der Straße, beim Coronatest, im Biergarten, in vielen überraschenden Begegnungen. Manchmal hieß es: »Ich habe Sie an Ihrem Mantel erkannt.« Bis in die Osterzeit gab es noch kalte Abschnitte, sodass ich häufig diesen markanten blauen Mantel trug, in dem ich inzwischen so oft in die Öffentlichkeit getreten war. Er war in diesen Wochen offenbar so etwas wie ein Erkennungssignal. Wie er mich nun wärmte und umhüllte und mich leicht und weich umspielte – darin spürte ich manchmal auch ein Ummantelt-Sein ganz anderer Art. Ein Aufgehoben-Sein im Leben. Schutzmantel. Coming-out-Mantel. Wenn ich die Umhüllung durch ihn spürte, tauchten auch die starken poetischen Bilder einer biblischen Lesung in mir auf, die in der katholischen Liturgie im Advent (und damit in der winterlichen »Mantel-Zeit«) vorgetragen wird: die prophetische Verheißung vom Eingehüllt-Werden in die »Gewänder des Heils«, in den »Mantel der Gerechtigkeit« (Jesaja 61,10).

***

An einem Samstagnachmittag machte ich einen kleinen Spaziergang in einem Park. Bei einer Bank schnürte ich summend meinen Schuh, als eine Frau mit einem kleinen Jungen mich erstaunt ansprach:
»*What are you singing right now?*«
Ebenso erstaunt stammelte ich etwas unsicher:
»*It's a Christian song about hope for a better world. It's called ›From the edges of this Earth‹.*«
»*Strange – because we sing it in Ukraine. It's a folk song.*«

Die junge Frau setzte sich zu mir auf die Bank, auf dem Schoß ihren Jungen.

Die Melodie musste also die eines Volkslieds aus der Ukraine sein. Die Frau sang mir eine Strophe vor, mit einer hellen Stimme, die zugleich müde klang. Der Junge schmiegte sich fester an sie. Sie habe von der Sehnsucht nach dem Sommer gesungen, sagte sie. Ich stellte mir goldene Weizenfelder vor, unter einem blauen ukrainischen Himmel – und beide waren sie jetzt so sehr vom Krieg geprägt. Dann sang ich eine Strophe:

> VON DEN RÄNDERN DIESER ERDE,
> UNTER ARM- UND KLEINGEMACHTEN
> SAMMLE ICH, DIE HEIMAT SUCHEN,
> ZU MEINEM VOLK, SPRICHT GOTT.
> *EUGEN ECKERT*

»*The German text is about longing for justice. God's justice.*«

Wir drei, singend auf der Parkbank – mit wie vielen Menschen von allen Rändern dieser Erde, marginalisiert, des Rechts und der Heimat beraubt auf vielfältige Weisen, mochten wir wohl die große Sehnsucht teilen nach dem Mantel der Gerechtigkeit?

Kapitel 36

Kirche – ein Ort zum Aufatmen?

An einem sonnigen Frühlingstag besucht uns eine polnische Journalistin, die ausführlich für eine große Zeitung, die zur liberalen Qualitätspresse in Polen gehört, über #OutInChurch berichten will. Einige Mitwirkende hat sie bereits digital interviewt. Nun ist sie aus dem Rheinland, fast 350 Kilometer weit, angereist, um uns in Präsenz zu treffen. »Das Thema ist wichtig für Polen«, sagt sie, »die Gesellschaft und die Kirche machen es queeren Menschen bei uns sehr schwer. Ihre Aktion ist eine große Ermutigung für uns.« Es ist ein langes und sehr gründliches Interview, das in großer Ruhe stattfindet, und es ist zugleich eine Begegnung dreier Menschen. Auf den Tisch habe ich den leuchtenden Blumenstrauß gestellt, den unsere Besucherin mitgebracht hat.

»Wie geht es Ihnen nach Ihrer großen Aktion, hat sich etwas verändert? Fühlen Sie sich befreit?«

Tatsächlich, in mir ist etwas ins Fließen gekommen. Bis in die Sprache hinein. In meiner Wortwahl finden sich plötzlich neue Favoriten: »Klarheit«, »Wahrheit«, »offenbar«, »ganz und gar«. Ich trage mich sogar mit dem Gedanken, mein Coming-out weiterzuführen und ein Buch zu schreiben. Das alles erzähle ich der Frau, und sie gibt mir ein Echo: »Nach so langem Schweigen hat sich ein Stau aufgelöst, nicht wahr?«

Die Interviewerin stellt zahlreiche praktische Fragen. Wir erzählen vom riesigen Zuspruch in der Öffentlichkeit und vom eindrucksvollen Anwachsen unseres Netzwerks. »Wie haben die Bischöfe reagiert?«, möchte sie wissen. »Bisher haben zwölf der 27 deutschen Bistümer Wohlwollen signalisiert, mit Selbstverpflichtungserklärungen, dass sie aufgrund der persönlichen Lebensführung keine arbeitsrechtlichen Schritte einleiten werden. Und Kündigungen wurden bisher nicht ausgesprochen. Aber aus den 15 übrigen Bistümern haben wir noch nichts gehört.«

Auf die Nachfrage, ob wir nun erleichtert seien, fährt Monika fort: »Dies gibt uns noch immer keine Rechtssicherheit. Dafür muss das katholische Arbeitsrecht geändert werden. Das ist im Gespräch, aber ob und in welcher Weise eine Überarbeitung erfolgt, ist nicht absehbar.« Marie ergänzt: »Letztlich brauchen wir eine Revision der kirchlichen Lehre zu Sexualität und Geschlechtlichkeit. Weiterhin als Sünder:innen zu gelten, auf deren »Bestrafung« ein Arbeitsrecht lediglich verzichtet, bedeutet eine Fortsetzung der Diskriminierung.« Und sie fügt an: »Bisher sprechen die Kirchenverantwortlichen fast nur von Schwulen und Lesben, während Personen, die sich beispielsweise als transgender-, inter- oder bisexuell verstehen, gar nicht im Blick sind. Wir müssen aufmerksam bleiben, dass alle Minderheiten gesehen werden.«

Mit unserem Gast sprechen wir auch über unsere Biografien und über viele Hintergründe.

An einer Stelle des Gesprächs spreche ich die Loyalitätsverpflichtung an, über die ich inzwischen noch einmal neu nachgedacht habe. »Ist es nicht eigentlich ein besonderer Ausdruck von Loyalität, wenn ich mich meiner Kirche gegenüber ehrlich so zeige, wie ich bin? Wie Gott* mich schuf?« Die Religionslehrerin in mir kommt durch: »Denn Coming-out ist für mich das Gegenteil von Sünde. Sünde bedeutet, die göttliche Fülle in meinem Leben zu beschneiden.« An dieser Stelle steigt Monika ein. Sie gibt einen Gedanken wieder, den drei Mitglieder unserer Initiative beim Synodalen Weg formuliert haben: »Nicht Lesben, Schwule, Trans- und Interpersonen und ihre Lebens- und Liebesweisen sind sündhaft, sondern die Art, wie unsere Kirche mit ihnen an vielen Stellen umgeht.« »Solche Gedanken sind sehr interessant für katholische Menschen in Polen«, sagt die Journalistin, sie können unser Selbstbewusstsein stärken. Stellen Sie sich vor, in unserem Land unterstützen Bischöfe sogar Kommunen und Regionen, die sich als ›Zonen frei von LGBT-Ideologie‹ definieren.«

Oft höre ich, dass wir im Netzwerk #OutInChurch mit unserer Bewegung und unserer Aktion Menschen Ermutigung schenken. Wir werden so wahrgenommen, dass wir das verkörpern, was so viele Katholik:innen in der römisch-katholischen Kirche ersehnen – und wir ja auch selbst: Authentizität, Wahrhaftigkeit, Mut und Akzeptanz.

Seit meiner Zeit in den Niederlanden habe ich meinen Platz in dieser Kirche nicht mehr in einer klassischen Pfarrgemeinde gefunden.

Zu den sehr unterschiedlichen Orten, Gruppen, Zellen, »Nischen« (ein herzerfrischender Dominikaner sprach in der Queergemeinde Münster einmal von »Inseln« für »pastorales Strandgut«), in denen sich für mich Kirche-Sein konkretisiert – auch unsere Schulgemeinde war für mich ein solcher Ort –, gehört inzwischen unser Netzwerk #OutInChurch. Von Anfang an erlebte ich es nicht nur als eine kirchenpolitische Initiative, sondern auch als eine stärkende Gemeinschaft gläubiger Menschen. Neben den basisdemokratischen Entscheidungsprozessen schätze ich vor allem den außergewöhnlichen Respekt vor allen Unterschiedlichkeiten der Personen, den ich innerhalb unserer Gruppe erlebe – und dies nicht allein bezogen auf die Vielfalt sexueller Orientierungen und geschlechtlicher Identitäten. Im Umgang mit Verschiedenheit durfte ich bei #OutInChurch vieles lernen.

Wenngleich ich Wörter wie Diversitätskompetenz nicht so gern mag – wir vermögen eine Expertise in den Raum der Kirche einzubringen: unsere bereichernde Vielfalt als solche sowie den klassischen Erkenntnisvorsprung einer marginalisierten Gruppe, ferner – es folgen wieder Bezeichnungen, die ich weniger schätze – Minderheiten-, Queer-, Gender-, Menschenrechts-, Gewalt- und Traumasensibilität, nicht zu vergessen unsere reiche Lebens- und Glaubenserfahrung: Wir können und wollen etwas anbieten für Erneuerung in unserer Kirche (und in unserer Gesellschaft).

Je nachdem, wie man es betrachtet: Wäre es nicht schön, wenn wir eine Gemeinschaft auf Zeit blieben? Da es jedoch ein sehr langfristiges Engagement brauchen wird, bis wir hinter jede unserer sieben Forderungen ein grünes Häkchen setzen können, werden wir als solidarische Gemeinschaft gewiss verbunden bleiben, um den Einsatz für unsere Sache weiterzuführen. Insbesondere eine Revision der kirchlichen Lehre zu Geschlechtlichkeit und Sexualität ist nicht absehbar. Und auch wenn eines fernen Tages alle unsere Ziele erreicht sein sollten... – gemeinsame Wege stehen uns offen.

***

In einer Pause während des Interviews spricht die Journalistin uns auf ein kleinformatiges Bild an, das an der Wand hängt. Ich liebe es sehr, vor vielen Jahren bekam ich es von Monika geschenkt. »Was ist das für ein Bild? Es hat so eine warme Ausstrahlung.« Das Foto zeigt ein Detail aus einem Schnitzaltar von Tilman Riemenschneider. Ich nenne es gern »mein Jesusbild«. Besonders schön finde ich jedoch, dass Jesus in dieser Darstellung gar nicht zu sehen ist, bis auf seine Hand. »Johannes unter der Hand Christi«, so wird dieser Ausschnitt aus einer Abendmahlsdarstellung bezeichnet. Johannes, der »Lieblingsjünger« – die Haare intensiv gelockt: welche Schnitzkunst! – hat den Kopf auf seine Arme gebettet. Die »Hand Christi« ruht wiederum auf seiner Schulter. Johannes erscheint ganz und gar entspannt. Er kann ausruhen, ausatmen, aufatmen. Jesus ist auf dem Bild also erkennbar in der Ruhe und Gelöstheit, die seine Nähe bei Johannes bewirkt. »Ich kann das sehr lange anschauen«, sagt unser Gast. »Ja«, sage ich, »da haben wir etwas gemeinsam«.

So wünsche ich mir meine Kirche. Als einen Ort des Aufatmens. Für alle. Wer Angst hat, hält die Luft an. Wer sich befreit fühlt und erleichtert ist, wer vertraut, kann wieder aus- und aufatmen. Kann zur Ruhe kommen. Einfach da sein. Unter der Hand Christi. Viele – nicht nur queere – Menschen erleben Kirche hingegen anders. Wenn das, was sich ihnen in besonderen Momenten der Gottesbegegnung schenkt, die Gewissheit, dass in ihren unorthodoxen Lebensgeschichten Gott* wirkt, im Raum der Kirche aus ihrer Sicht kaum erlebbar ist oder sogar verdunkelt wird, dann kann Wesentliches nicht stimmen ...

Nicht nur am Rande bemerkt: In der Tradition wird Johannes oftmals mit dem Lieblingsjünger identifiziert, dem Jünger, »den Jesus liebte« (Johannesevangelium 13,23 u. ö.). Jegliche Erwägungen, ob dieser sprachliche Ausdruck und seine Kontexte auf eine mögliche Homosexualität Jesu hindeuten könnten, halte ich theologisch für nicht fruchtbar. Aber als homophob wird Jesus ganz offensichtlich nicht dargestellt.

Kapitel 37

Von Preisverleihungen, Pinkwashing und einer Kirchenexpedition

Im frühen Herbst meldet sich die Journalistin erneut. Erst jetzt kann ihr Artikel erscheinen. Sie erzählt, dass der Krieg in der Ukraine für sie persönlich und für die Berichterstattung in der polnischen Presse alles verändert hat. Möglicherweise wird sie das Thema später in einem weiteren Artikel vertiefen. Sie möchte wissen, wie es bei uns weitergegangen ist.

In der Tat ist in den letzten Wochen vieles geschehen. Die TV-Dokumentation wurde mit dem Katholischen Medienpreis ausgezeichnet, dem jährlich von der Deutschen Bischofskonferenz vergebenen Journalistenpreis. In der Jurybegründung heißt es über die #OutInChurch-Protagonist:innen: »Es sind gläubige Menschen, die sich ganz bewusst für den kirchlichen Arbeitgeber entschieden haben, ihm die Treue halten, auch wenn sie Einschüchterungen ausgesetzt waren, als sie sich outeten. ... Zu sehen und zu hören sind Menschen, die für die Kirche brennen, obwohl sie von ihr zurückgewiesen werden. Es ist ein tief berührender, erschütternder Film, der beschämt und aufrüttelt. Er zeigt Menschen, die sich nichts mehr ersehnen als Respekt, Akzeptanz ihrer Identität und Anerkennung ihrer Liebe.«

Für mich spricht aus diesen Worten eine echte Einsicht in die leidvolle Situation queerer Menschen, queerer Mitarbeitender in der katholischen Kirche. Bis vor wenigen Monaten hätten sie in mir die Erwartung rascher umfassender Änderungen von Seiten der Deutschen Bischofskonferenz geweckt. Inzwischen habe ich gelernt, auch durch erfahrenere Mitstreitende in unserem Netzwerk, meine Erwartungen zu dosieren.

Leider zu Recht. Noch bevor die Preisverleihung erfolgt war, ging von einer Abstimmung beim Synodalen Weg nämlich eine gegenteilige Botschaft aus. Ein wegweisendes Grundlagenpapier zu einer weiterentwickelten katholischen Sexualethik erhielt mangels drei Stimmen nicht die erforderliche Zweidrittelmehrheit der

Bischöfe – insgesamt gab es 33 Pro- und 21 Contra-Stimmen. Große Enttäuschung (auch über die offenkundig fehlende Auseinandersetzungsbereitschaft mancher Bischöfe im Vorfeld)! Große Ernüchterung! Bei #OutInChurch, in anderen Reformnetzwerken und bei vielen Katholik:innen darüber hinaus lautet der Tenor: »Ein Schlag ins Gesicht nicht nur für queere Menschen!« Ja, großer Schmerz!

Zugleich: Es ist sicherlich zu einem beträchtlichen Teil unserer Initiative zu verdanken, dass die große Mehrheit der Bischöfe zugestimmt hat. Unter ihnen waren etliche ebenfalls schockiert über das Ergebnis und über jene Bischofskollegen, die schlicht »alles blockieren«. Manche Bischöfe haben nach eigener Aussage einen Lernweg beschritten oder finden jetzt den Mut, ihre liberalere Praxis offenzulegen bzw. in ihren Bistümern Konsequenzen zu ziehen. Die reformwilligen Bischöfe wollen nun zusammenarbeiten, um auf dem neu eingeschlagenen Weg weiterzugehen.

Entscheidend ist jetzt, dass rechtlich verbindliche Taten folgen. Ein neues kirchliches Dienstrecht ist in Arbeit. Bedauerlicherweise geschieht dies bisher nicht unter Einbeziehung von #OutInChurch; unser Angebot zum Dialog wurde bislang nicht angenommen. Wichtig ist uns beispielsweise, dass für alle Queers im kirchlichen Dienst »ein offenes Leben entsprechend der eigenen sexuellen Orientierung und der geschlechtlichen Identität, auch in einer Partnerschaft bzw. Zivilehe« möglich ist, ohne dass es »als Loyalitätsverstoß oder Kündigungsgrund gewertet« wird. Wir haben unter anderem die Sorge, dass etwa Trans*-, Inter-, non-binäre Personen nicht oder nicht hinreichend wahrgenommen werden; hier wären wir gern mit unserer besonderen Expertise gefragt.

Zurück zur Verleihung des Katholischen Medienpreises. In unserem Netzwerk wird die Frage gestellt, ob sie vielleicht reines *Pinkwashing* sei. Der für mich neue Begriff – in Analogie zu *Greenwashing* – bezeichnet eine Methode, sich queerfreundlich äußern, sich also ein pinkfarbenes Mäntelchen umhängen, um tolerant zu erscheinen – ohne es wirklich substanziell zu sein.

Ich bin unsicher. Ist das Glas halb leer? Halbvoll? Ich schwanke immer wieder. Bringt unser Engagement ausreichend Ertrag? Als ich kürzlich meinen Blick gerade sehr auf das Enttäuschende richtete, schrieb mir eine Theologin, die die Entwicklungen in der Kirche sorgfältig betrachtet: »Ihr könnt euch durchaus auf die Fahnen schreiben, ohne naiv, weil allzu hoffnungsvoll zu wirken: So viel an innerkirchlicher Bewusstseinsbildung, theologischer Einsicht und rechtlichen Zusagen wurde bisher noch nie erreicht!«

***

Bei einigen Tassen Tee erzähle ich der interessierten polnischen Journalistin von alldem in einem Videogespräch. Ich weiß von Neuigkeiten zu berichten, die sich außerhalb der Kirche ereignet haben.

Unsere Reforminitiative #OutInChurch erhielt aus der queeren Community eine besondere Ehrung. Diese hat ja zumeist keine besondere Nähe zu kirchlichen Gruppen. Nun zeichnete der Verein Hamburg Pride e. V. uns im Juli 2022 mit dem Ehren-Pride-Award aus – eine besondere Freude! Für die Laudatio hatte man die Mitproduzentin der ARD-Dokumentation, Katharina Kühn, gewonnen. Sie fand berührende Worte – mir ging beim Betrachten des Videos besonders der Moment unter die Haut, als sie von unserem »Mut« und unserer »Strahlkraft« sprach. Danke, Katharina, für so vieles! Einige Wochen später waren die Rollen anders verteilt. Den Filmschaffenden »unseres« Films »Wie Gott uns schuf. Coming-out in der katholischen Kirche« wurde der Deutsche Fernsehpreis in der Kategorie Dokumentation verliehen. Bei der TV-Übertragung sahen wir neben Hajo Seppelt und den weiteren Kolleg:innen eine strahlende Katharina. In seinen großen Dank schloss Hajo alle Mitwirkenden von #OutInChurch ein. Und mit aktuellem Bezug auf das nicht angenommene Papier zur katholischen Sexualethik unterstrich er, die Kirche verursache weiterhin großes Leid bei queeren Menschen! Danke, Hajo, für deine Unbeirrbarkeit, für deine Filme »unter Arm- und Kleingemachten«!
»Haben Sie wirklich damit begonnen?« Im Videogespräch fragt die Journalistin mich auch nach meinem Buchprojekt. »Ja!« Das Manuskript ist fast fertig. »Ich hatte viel Freude an seinem Werden und schicke Ihnen später ein Exemplar ins Rheinland! Wir verabschieden uns mit der möglichen Perspektive, in Verbindung zu bleiben.

In einer der nächsten Nächte habe ich einen Traum. Kirche. Zunächst ein festlicher Gottesdienst. Mit vielen Menschen stehe ich in einer sehr langen Schlange, die bis nach draußen geht, zum Kommunionempfang. Als ich vor dem Priester stehe, drückt er mit einem knisternden Geräusch aus einer Blisterverpackung etwas wie eine winzige Tablette in meine geöffnete Hand, helllila und bereits zerbröselt. Schock! Ich nehme es entsetzt entgegen, frage mich, was es überhaupt ist. Kein Heilmittel, da bin ich sicher. Im besten Falle wird es wirkungslos sein. Eher noch habe ich die Sorge, es könnte sogar giftig sein, all die Empfangenden krank machen, und ich führe das Gebrösel nicht zu meinem Mund. Eine unglaubliche Traurigkeit überkommt mich, auch später wieder, als ich den Traum notiere. In einer anderen, einer viel kürzeren Schlange erhalten die Menschen frisches Brot. Gottesspeise. Leib Christi. Aber die winzigen zerbröselten helllila Tabletten haben nichts zu tun mit einer lebendigen Gemeinschaft mit Jesus, mit seiner Liebesbotschaft, mit dem, was ihn ausmacht, Heil für die Menschen.
Als ich Monika von diesem Traum erzähle, äußert sie spontan eine Assoziation, die mich verblüfft. »Helllila?! Es scheint mir *Pinkwashing* zu sein, was dort ausgeteilt wird! Überhaupt nicht substanziell, es zerfällt sofort.«
Kurz darauf ein weiterer Kirchentraum, sehr komplex, den ich in Auszügen schildere: Eine Delegation bedeutender Theolo:innen, darunter der bereits lange verstorbene Karl Rahner, ist unterwegs nach Rom, auf einer Art »Kirchenexpedition«. Ich treffe sie in einem ganz und gar heruntergekommenen Stadtviertel. Nichts als Grau und Schwarz! Kaum Menschen unterwegs! Genau wie die geblisterte Kommunion macht mich die Ansicht dieser düsteren, dreckigen »Kirchenstadt« bereits im Traum tief traurig. Es tut mir weh, meine Kirche in all diesem Schäbigen zu sehen, in dieser abstoßenden Hässlichkeit! Im Verfall begriffen – und zugleich herrscht ein riesiges Baustellenchaos. Sämtliche Straßen, Brücken und Übergänge sind nicht begehbar oder befahrbar, Wege gibt es nur durch – erst entstehende – Unterführungen: hinein in die Tiefe, durch Angst einflößendes Dunkel hindurch. Nicht durch direkte Verbindungen, sondern stets über Umleitungen, die mühsam gesucht oder erst geschaffen werden müssen.

Ob das, was Menschen auf individueller Ebene in Lebenskrisen erfahren, nicht auch für eine Institution wie die Kirche gilt? Sollte sie es vergessen haben? Dass es keinen Weg am Dunkel vorbei gibt, sondern nur Wege durch das Dunkel hindurch? Wo wird dies sinnfälliger als in der Symbolik von Kreuz und Auferstehung? Dort, wo es nicht mehr weitergeht, im tiefsten Dunkel, ist der Ort für Wandlung. Vom Dunkel zum Licht. Von der Enge in die Weite. Vom Sterben zum neuen Leben.

Ich muss an Ernst denken, meinen so früh verstorbenen niederländischen Freund, und an unsere anderen Langenboomer Freund:innen. Neue Wege zu gehen und dabei zu gestalten, wie wir Kirche sein können, das war und blieb ihr Anliegen. Den Fokus nicht allein »nach oben«, auf die Hierarchie zu richten, sondern Kirche zu verwirklichen im Kleinen, im menschlichen Maßstab, menschengerecht und menschennah. In Gemeinschaften, nach dem Vorbild der frühchristlichen Gemeinden, die »Hausgemeinden« waren. Diese teilten und gestalteten miteinander ihr Leben, dienten den Menschen, »den Arm- und Kleingemachten«, sie brachen Brot und feierten das Leben im Mahl(zeit)-Halten, und sie sprachen über das, was sie im Tiefsten bewegte und hielt.

Hausgemeinden in der Urkirche, Hausgemeinden in der Gegenwart – für den Jesuiten Ernst ein weites Feld in theologischen Studien und eigener Lebenspraxis! »Zwei oder drei« in Jesu Namen (nach dem Matthäusevangelium 18,20) als Ausgangs- und Kernpunkt des Kirche-Seins! »Keine andere Kirche, aber diese Kirche anders!« Kirche als ein großes Netzwerk kleiner Gemeinschaften. Ein gänzlich anderes Verständnis als das eines hierarchischen Systems mit einer pyramidalen Struktur. Zwei Frauen können eine Hausgemeinde sein, in ihrem Leben zu zweit und mit anderen – das hat Ernst Monika und mir in unseren jungen Jahren ins Stammbuch geschrieben. Nein, dies beantwortet nicht alle Kirchenfragen, erhellt nicht alles Kirchendunkel – und doch: Sollten wir diesen Impuls nicht auf neue Weise aufnehmen? Kirche zu sein als kleine Zelle, als kleine Hausgemeinde? Ganz schlicht und unverstellt –so, wie es für uns stimmig ist, jetzt? Zwei oder drei in Jesu Namen?!

Ausklang
»Schneeglöckchen« – Mein Weg ins Licht

In einigen ihrer Gedichte lässt die us-amerikanische Lyrikerin und Nobelpreisträgerin Louise Glück Pflanzen zu Wort kommen. Einmal spricht ein Schneeglöckchen, und zwar von seinem Hervorkommen aus der Erde am Ende des Winters, also im weitesten Sinne von einem Coming-out.

Zahlreiche Mitwirkende bei #OutInChurch haben durch ihr großes Coming-out Erfahrungen des Aufbruchs und Durchbruchs machen dürfen, auch ich. Sie können sich in den Worten von Pater Ralf Klein wiederfinden, mit denen die TV-Dokumentation »Wie Gott uns schuf« endet: »Es ist die Freude, in das Land der Freiheit gekommen zu sein!«

Mit unseren »Forderungen gehen wir gemeinsam den Schritt an die Öffentlichkeit. Wir tun dies für uns«

Für mich begann die kostbare Erfahrung einer neuen Öffnung schon vor einigen Jahren mit meinem inneren Heilungsweg. Wie glücklich bin ich, dass ich – mit Worten des Gedichts – im Leben neu »*erwachen*« durfte! Und wie schön, dass mein eigenes »*ja wagt Freude*«, mein Ja zu mir selbst, als Lachen in der ARD-Dokumentation (und sogar in der Tagesschau) hörbar ist bzw. war!

Gleichzeitig ringen zahlreiche andere Menschen mit aller Kraft darum, Zentimeter um Zentimeter aus einem Dunkel herauszukommen, welcher Art es auch sei. Viele können nicht mehr daran glauben, es jemals zu schaffen.

»... und wir tun dies in Solidarität mit anderen LGBTIQ+ Personen in der römisch-katholischen Kirche, die dafür (noch) nicht oder nicht mehr die Kraft haben. Wir tun dies in Solidarität mit allen Menschen, die der Stereotypisierung und Marginalisierung durch Sexismus, Ableismus, Antisemitismus, Rassismus und jeglicher anderen Formen von Diskriminierung ausgesetzt sind. ...«

Wie sehr wünsche ich ihnen, vor allem jenen, deren Leben Formen von Diskriminierung, Ohnmacht und Gewalt kennt, dass nicht das Dunkel ihrer »*Verzweiflung*« das letzte Wort hat, sondern ein Dasein im frischen »*Licht*«.

Meine Gedanken und Fragen gehen in eine weitere Richtung. Mit unserer Kampagne #OutInChurch – *Für eine Kirche ohne Angst* verbinden wir die Hoffnung auf Heilung kranker und krank machender Strukturen in der katholischen Kirche.

> »*... Wir tun dies aber auch für die Kirche. Denn wir sind davon überzeugt, dass nur ein Handeln in Wahrhaftigkeit und Ehrlichkeit dem gerecht wird, wofür die Kirche da sein soll: die Verkündigung der frohen und befreienden Botschaft Jesu.*«

Ob auch die verfasste Kirche selbst, in Deutschland, in Europa und weltweit, eines vielleicht fernen Tages an einem Punkt stehen mag, wo sie rückblickend über ihre lange winterliche Zeit sprechen könnte: »*Ich erwartete nicht zu überleben*«, wusste einfach nicht mehr, »*wie man sich wieder öffnet*«. Endlich bin ich »*wieder unter euch ... im rauen Wind der neuen Welt*«?

Louise Glück
Schneeglöckchen

Wisst ihr, was ich war, wie ich lebte? Ihr wisst,
was Verzweiflung heisst; damit
dürfte euch klar sein, was Winter bedeutet.

Ich erwartete nicht zu überleben,
die Erde drückte mich nieder. Ich erwartete nicht,
wieder zu erwachen, in feuchter Erde
zu fühlen, dass mein Körper
wieder antworten kann, sich nach all der Zeit
daran erinnert, wie man sich wieder öffnet
im kalten Licht des frühesten Frühlings –

scheu, ja, doch wieder unter euch
rufe ich ja wagt Freude

im rauen Wind der neuen Welt.

Eine Stelle in diesem Gedicht, die ich besonders mag, ist eine
Leerstelle. Der Gedankenstrich nach den Worten »im kalten Licht
des frühesten Frühlings« markiert eine Aussparung: Auf welche
Weise es geschieht, das Unerwartete, bleibt ein Geheimnis.

Anhang

1. Wir wollen als LGBTIQ+ Personen in der Kirche ohne Angst offen leben und arbeiten können.

2. LGBTIQ+ Personen müssen einen diskriminierungsfreien Zugang zu allen Handlungs- und Berufsfeldern in der Kirche erhalten.

3. Das kirchliche Arbeitsrecht muss geändert werden. Ein offenes Leben entsprechend der eigenen sexuellen Orientierung und der geschlechtlichen Identität, auch in einer Partnerschaft beziehungsweise Zivilehe, darf niemals als Loyalitätsverstoß oder Kündigungsgrund gewertet werden.

4. Diffamierende und nicht zeitgemäße Aussagen der kirchlichen Lehre zu Geschlechtlichkeit und Sexualität müssen auf Grundlage theologischer und humanwissenschaftlicher Erkenntnisse revidiert werden. Dies ist besonders in Anbetracht weltweiter kirchlicher Verantwortung für die Menschenrechte von LGBTIQ+ Personen von höchster Relevanz.

5. Die Kirche darf LGBTIQ+ Personen bzw. -Paaren den Segen Gottes sowie den Zugang zu den Sakramenten nicht vorenthalten.

6. Eine Kirche, die sich auf Jesus und seine Botschaft beruft, muss jeder Form von Diskriminierung entschieden entgegentreten und eine Kultur der Diversität fördern.

7. Im Umgang mit LGBTIQ+ Personen hat die Kirche im Laufe ihrer Geschichte viel Leid verursacht. Wir erwarten, dass die Bischöfe dafür im Namen der Kirche Verantwortung übernehmen, die institutionelle Schuldgeschichte aufarbeiten und sich für die von uns geforderten Veränderungen einsetzen.

Das – ausführlichere – Manifest von *#OutInChurch – Für eine Kirche ohne Angst* ist auf der Website zu finden: https://outinchurch.de

Quellen

Alle Bibelstellen, sofern nicht anders angegeben, sind übersetzt gemäß der Einheitsübersetzung der Heiligen Schrift, Stuttgart (Katholisches Bibelwerk) 2016

31
»Wie schön sind auf den Bergen die Füße derjenigen,
die Freude verkünden« (Jesaja 52,7)
übersetzt gemäß der Bibel in gerechter Sprache, Gütersloh
(Gütersloher Verlagshaus) 2007
https://www.bibel-in-gerechter-sprache.de/

34
»Du bist mein geliebtes Kind, über dich freue ich mich« (Markus 1,11)
übersetzt gemäß der Bibel in gerechter Sprache,
Gütersloh (Gütersloher Verlagshaus) 2007
https://www.bibel-in-gerechter-sprache.de/

58
»Was in mir war, was Not war, was nie gesehen wurde«
Formulierung in einer Predigt von Thomas Hürten, München

64
»Todschattenschlucht« aus Psalm 23,4
In: Das Buch der Preisungen. Verdeutscht von Martin Buber
(= Die Schrift, verdeutscht von Martin Buber gemeinsam mit
Franz Rosenzweig. Sonderausgabe aus Band 4: Die Schriftwerke),
Heidelberg (Lambert Schneider) 1975, S. 38

64
»Die Unbegreiflichkeit des Leids ist ein Stück an der
Unbegreiflichkeit Gottes.«
Karl Rahner: Warum läßt Gott uns leiden? In: Schriften zur
Theologie Bd. 14, Einsiedeln (Benzinger) 1980, S. 463

70
»Fest soll mein Taufbund immer stehen. /
Ich will die Kirche hören. /
Sie soll mich allzeit gläubig sehn /
und folgsam ihren Lehren.«
T: nach Christoph Bernhard Verspoell (1743–1818)
M: Chrysanth Joseph Bierbaum (1789–1868)
In: Gotteslob (2013), Bistum Münster, Eigenteil Nummer 847,4

76
»Die Seele bringt er [und sie] zurück.« Psalm 23,3
In: Das Buch der Preisungen. Verdeutscht von Martin Buber
(= Die Schrift, verdeutscht von Martin Buber gemeinsam mit
Franz Rosenzweig. Sonderausgabe aus Band 4: Die Schriftwerke),
Heidelberg (Lambert Schneider) 1975, S. 38
76

»Zuflucht noch hinter der Zuflucht« – Titel eines Gedichts
von Reiner Kunze
In: Ders., Zimmerlautstärke, Frankfurt (S. Fischer) 1972

79
»Die Wahrheit wird euch befreien.« (Johannesevangelium 8,32)
übersetzt nach der Einheitsübersetzung 2016 und
Bibel in gerechter Sprache, Gütersloh (Gütersloher Verlagshaus) 2007
https://www.bibel-in-gerechter-sprache.de/

#OutInChurch – Für eine Kirche ohne Angst
Das Manifest ist auf der Website zu finden:
https://outinchurch.de/manifest/

104
»Von den Rändern dieser Erde ...«
T: Eugen Eckert (1984) / M: Ukraine
Text und Noten in verschiedenen Liederbüchern, z.B. In: Sing! 2.
Das Jugendliederbuch, Limburg/Kevelaer (Lahn/Butzon & Bercker),
zitiert ist hier die erste von vier Strophen

106
»Nicht Lesben, Schwule, Trans- und Interpersonen und ihre
Lebens- und Liebesweisen sind sündhaft, sondern die Art,
wie unsere Kirche mit ihnen an vielen Stellen umgeht.«
In: Miriam Gräve/ Hendrik Johannemann/ Mara Klein:
Die Bringschuld umkehren – Perspektiven queerer Menschen
auf die Themen des Synodalen Wegs,
online veröffentlicht 24.9.2021,
www.meingottdiskriminiertnicht.de/forum-iv

111
Der Verein Hamburg Pride e. V. zeichnete #OutInChurch im
Juli 2022 mit dem Ehren-Pride-Award aus. Die Laudatio hielt
Katharina Kühn, Mitproduzentin der ARD-Dokumentation:
https://youtube.com: Ehren Pride Award 2022 an die Initiative
#OutInChurch

109
»Es sind gläubige Menschen, die sich ganz bewusst für den
kirchlichen Arbeitgeber entschieden haben, ihm die Treue halten,
auch wenn sie Einschüchterungen ausgesetzt waren, als sie sich
outeten. ... Zu sehen und zu hören sind Menschen, die für die Kirche
brennen, obwohl sie von ihr zurückgewiesen werden. Es ist ein tief
berührender, erschütternder Film, der beschämt und aufrüttelt.
Er zeigt Menschen, die sich nichts mehr ersehnen als Respekt,
Akzeptanz ihrer Identität und Anerkennung ihrer Liebe.«
In: Pressemitteilungen der Deutschen Bischofskonferenz:
Jurybegründung Katholischer Medienpreis 2022
2022-119a-Kath-Medienpreis-Jurybegruendung-Fernsehen-
Seppelt-Kuehn-Rosenthal-Wozny.pdf (dbk.de)

110
Wichtig ist uns beispielsweise, dass für alle Queers im
kirchlichen Dienst »ein offenes Leben entsprechend der eigenen
sexuellen Orientierung und der geschlechtlichen Identität, auch in
einer Partnerschaft bzw. Zivilehe« möglich ist, ohne dass es »als
Loyalitätsverstoß oder Kündigungsgrund gewertet« wird.
In: #OutInChurch – Für eine Kirche ohne Angst: Die dritte der
Forderungen an die römisch-katholische Kirche

115–116
Mit unseren »Forderungen gehen wir gemeinsam den Schritt an
die Öffentlichkeit. Wir tun dies für uns. Und wir tun dies in Solidarität
mit anderen LGBTIQ+ Personen in der römisch-katholischen Kirche,
die dafür (noch) nicht oder nicht mehr die Kraft haben. Wir tun dies in
Solidarität mit allen Menschen, die der Stereotypisierung und
Marginalisierung durch Sexismus, Ableismus, Antisemitismus,
Rassismus und jeglicher anderen Formen von Diskriminierung
ausgesetzt sind. Wir tun dies aber auch für die Kirche. Denn wir
sind davon überzeugt, dass nur ein Handeln in Wahrhaftigkeit und
Ehrlichkeit dem gerecht wird, wofür die Kirche da sein soll:
die Verkündigung der frohen und befreienden Botschaft Jesu.«
In: #OutInChurch – Für eine Kirche ohne Angst
Das Manifest ist auf der Website zu finden: https://outinchurch.de/
manifest/

117
Louise Glück: Schneeglöckchen
In: Dies., Wilde Iris. Gedichte, München (Luchterhand Literaturverlag), 2008 und
2020 © Wylie Agency (UK) Ltd.

Vita

MARIE KORTENBUSCH
engagiert sich in der Initiative #OutInChurch und ist Protagonistin in der
ARD-Dokumentation »Wie Gott uns schuf. Coming-out in der katholischen
Kirche«, welche mit dem Deutschen Medienpreis (Dokumentation) 2022
und dem Katholischen Medienpreis 2022 ausgezeichnet wurde.
Als Lehrerin für Deutsch und katholische Religion war sie an einem
kirchlichen Gymnasium tätig.
In ihrem Ruhestand begleitet sie Gruppen und Einzelne auf Wegen
spiritueller Vertiefung. Dabei schöpft sie aus der »Integrativen
Gestaltpädagogik und Heilenden Seelsorge« (nach Albert Höfer),
der Meditation und dem spirituellen Schreiben.

Kontakt zur Autorin:
marie.kortenbusch@t-online.de

Schwul/lesbisch und katholisch

New York Times Bestseller Autor
JAMES MARTIN SJ

EINE BRÜCKE
BAUEN

Wie die katholische Kirche
und schwule, lesbische,
bisexuelle und trans*
Menschen zu einer wert-
schätzenden Beziehung
finden

PATMOS

James Martin
im Gespräch mit Michael Albus
Eine Brücke bauen
Wie die katholische Kirche und schwule,
lesbische, bisexuelle und trans* Menschen
eine wertschätzende Beziehung finden

Aus dem Amerikanischen von Norbert Reck
Mit einem Vorwort von Johannes zu Eltz

224 Seiten, 13 x 21 cm
Hardcover mit Leseband
ISBN 978-3-8436-1050-6